ÉTVDES

REVUE DE CULTURE CONTEMPORAINE

REVUE MENSUELLE FONDÉE EN 1856
PAR DES PÈRES DE LA COMPAGNIE DE JÉSUS

14, rue d'Assas – 75006 Paris – France
Courriel : abonnements.etudes@ser-sa.com
Le numéro : 13,50 € – Numéros anciens : même tarif

W0406982

Site internet : www.revue-etudes.com
Archives depuis 1856 consultables à partir de notre site

Revue éditée par la SER-SA (principaux actionnaires : Assas Éditions, Bayard Presse)
Président du conseil d'administration et directeur de la publication :
Thierry Lamboley, s.j. – Directrice générale : Anne-Claire Marion

Publiée avec le concours du Centre national du livre (CNL)
Dans ce numéro, deux encarts posés (*Études* et KTO)
Fabrication et PAO : SER / Imprimé en Espagne par Factory Books and Magazines SL - Avenida de la Vía Láctea, 1
2ª Planta - Edificio Augusta - 28830 San Fernando de Henares (Madrid)
CPPAP : 0527 D 81595 - ISSN : 0014-1941
Dépôt légal à parution. Réf. 4319

Pays de provenance du papier : Espagne
Taux de fibres recyclées : 0 %
Origine des fibres : papiers issus de forêts gérées durablement
Impact sur l'eau : Ptot 0,020 kg/T

PEFC
PEFC-14-38-00257

Religion

Culture

Actualité culturelle

ont participé à ce numéro

Jean-Baptiste Brenet • Philosophe, professeur de philosophie arabe à l'Université Paris 1 Panthéon-Sorbonne, traducteur de l'arabe et du latin, spécialiste d'Averroès. A notamment publié *Je fantasme, Averroès et l'espace potentiel* (Verdier, 2017), *Intellect d'amour* (avec Giorgio Agamben, Verdier, 2018), *Que veut dire penser ? Arabes et Latins* (Payot et Rivages, 2022) et *Le dehors dedans, Averroès en peinture* (Macula, 2024).

Christine Dugoin-Clément • Maîtresse de conférences en science de gestion, chercheuse à l'observatoire de l'IAE (Institut d'administration des entreprises) de Paris 1 Panthéon Sorbonne et au Centre de recherche de la Gendarmerie nationale. A publié *Influence et manipulations, Des conflits armés modernes aux guerres économiques* (VA éditions, 2021).

Emmanuel Godo • Poète, écrivain et essayiste, agrégé de Lettres modernes, professeur de littérature en classes préparatoires au lycée Henri-IV (Paris). A publié *Les égarées de Noël* (Gallimard, 2023), *Maurice Barrès, le grand inconnu* (Tallandier, 2023) et *Ton âme est un chemin* (Artège, 2024). A publié dans *Études* « *L'Enfer* de Dante » (n° 4274, septembre 2020), « *Le Purgatoire* de Dante » (n° 4275, octobre 2020), « *Le Paradis* de Dante » (n° 4276, novembre 2020) et « Maurice Barrès et l'antisémitisme » (n° 4307, septembre 2023).

Anne-Sophie Jouanneau • Éditrice et directrice de collection, docteure en philosophie médiévale, a publié plusieurs recensions dans *Études*.

Elena Lasida • Économiste, professeure à l'Institut catholique de Paris (ICP), codirectrice du master « Solidarités et Transition durable », coresponsable du pôle de recherche « Éthique et identités », présidente du Groupe de recherche-action sur l'évaluation de l'utilité sociale (GRÉUS), conseillère d'*Études*. A publié *Le goût de l'autre, La crise, une chance pour réinventer le lien* (Albin Michel, [2011] 2018) et *Penser la Création après* Laudato sí (collectif, Bayard, 2020). A publié dans *Études* « L'économie au service de la vie bonne » (avec Patrick Viveret, n° 4212, janvier 2015) et « *Fratelli tutti* » (avec François Euvé, n° 4277, décembre 2020).

Laurence Nardon • Chercheuse, responsable du programme « Amériques » de l'Institut français des relations internationales (Ifri) et productrice du *podcast* hebdomadaire « *New Deal* » sur la politique américaine. A publié *Les États-Unis de Trump en 100 questions* (Tallandier, 2018) et *Géopolitique de la puissance américaine* (Presses universitaires de France, 2024). A publié dans *Études* « Comment refonder le Parti démocrate ? » (n° 4264, octobre 2019), « Les États-Unis au-delà des élections » (n° 4276, novembre 2020) et « Un an après sa victoire, où en est Joe Biden ? » (n° 4289, décembre 2021).

Cédric Perrin • Historien, professeur agrégé et docteur en Histoire, chercheur rattaché à l'IDHES Évry (Institutions et dynamiques historiques de l'économie et de la société). A publié *Entre glorification et abandon, L'État et les artisans en France* (Comité pour l'histoire économique et financière de la France, 2007) et *Le XXᵉ siècle des artisans, Histoire d'une disparition non advenue* (Le Manuscrit, 2023).

Christophe Prochasson • Historien, directeur d'études de l'École des hautes études en sciences sociales (EHESS) et ancien président de l'EHESS (2017-2022), ancien recteur de l'académie de Caen, directeur de *Mil Neuf Cent, revue d'histoire intellectuelle* (*www.revue1900.org*), anime un séminaire sur l'histoire du socialisme avec Frédéric Brahami. A publié *La gauche est-elle morale ?* (Flammarion, 2010) et *Voyage d'un historien à l'intérieur de l'État* (Fayard, 2019).

Christoph Theobald • Jésuite, docteur en théologie et docteur *honoris causa* de plusieurs universités, professeur émérite de théologie aux Facultés Loyola Paris, ancien rédacteur en chef des *Recherches de science religieuse* (RSR), membre de l'*Istituto per les science religiose* (Bologne), responsable de la collection « Unam sanctam » et de l'*Édition critique autorisée des œuvres de Karl Rahner*, membre de la commission théologique du Synode sur la synodalité et expert au Synode des évêques. A récemment publié *La réception du concile Vatican II* (Cerf, 2023) et *Un nouveau concile qui ne dit pas son nom ?* (Salvator, [2023] 2024). A publié dans *Études* « Éduquer à la liberté » (n° 4245, janvier 2018) et « Vers une Église hospitalière » (n° 4264, octobre 2019).

ÉDITORIAL
de François Euvé

L'enjeu du Synode

L'ouverture de la seconde session du « Synode sur la synodalité » correspond au troisième anniversaire de la remise du rapport de la Ciase (Commission indépendante sur les abus sexuels dans l'Église), le 4 octobre 2021, qui aura marqué une étape décisive dans la vie de l'Église catholique, au moins en France. En cohérence avec d'autres prises de conscience (comme le mouvement *#MeToo*), ce rapport mettait en évidence le lien intime entre sexualité, pouvoir et violence. Il obligeait à revoir aussi bien le fonctionnement clérical de l'Église que les fondements de sa morale sexuelle.

La commission a fait appel à des instances extérieures à l'Église – personnes et institutions, comme l'Ined (Institut national d'études démographiques) et l'Inserm (Institut national de la santé et de la recherche médicale) – afin d'analyser ce qui s'était passé avec le maximum de précision et en évitant toute autoréférentialité. Puisque l'une des sources des terribles affaires d'abus avait été un fonctionnement « en interne », au point de minorer voire d'ignorer la parole des victimes, la solution ne pouvait être qu'une ouverture à d'autres voix, celles des victimes en priorité, et aussi celle de spécialistes reconnus. Le « savoir des victimes » inversait la logique habituelle : la parole du « clerc » n'a pas nécessairement dans ce domaine plus d'autorité que celle du « laïc ». Ceux qui n'avaient pas été écoutés, voire qui avaient été réduits au silence, par une parole qui se voulait investie de « sacré » étaient pris en considération et apportaient un savoir inédit non seulement sur ce qu'ils avaient vécu mais aussi sur les structures qui avaient permis ou favorisé les situations d'abus.

La visée du Synode rejoint à certains égards cette démarche. Elle concerne la nécessaire réforme du fonctionnement de l'Église et, plus fondamentalement, un nouveau regard porté sur son rapport au monde et sur la pertinence de son message dans le contexte contemporain. Ce n'est pas seulement une affaire interne à cette institution particulière. Il en va de la crédibilité de sa parole, de sa capacité de témoigner dans nos sociétés d'un Évangile qui promeut l'accueil inconditionnel, à commencer par celui des exclus. Ce n'est pas fortuit que, parmi les attentes qui s'expriment dans diverses instances, la question de la place des femmes vienne parmi les premiers sujets. Parmi les diverses propositions, l'« Instrument de travail » (*Instrumentum laboris*) invite à considérer une participation plus active des laïcs, en particulier des femmes, dans la vie de l'Église. Il est recommandé que des laïcs, donc des femmes, puissent participer « à la prédication de la parole de Dieu, y compris pendant l'eucharistie » (n° 18), alors que ce type de prise de parole était réservé jusqu'à présent aux ministres ordonnés.

Cette nouveauté peut sembler modeste, c'est pourtant l'indice de la promotion d'un « changement de mentalité[1] », qui atteste d'une mutation significative car elle remet en cause une hiérarchie habituelle qui, au regard de siècles de pratique, semblait « naturelle », sinon authentifiée du sceau de la « Révélation ». Il paraissait évident que le clerc était supérieur, en savoir et en pouvoir, au laïc, comme, sur un autre plan, l'homme était supérieur à la femme[2]. Il y a un clair parallélisme entre ces deux conceptions dissymétriques. C'est pourquoi la place des femmes dans cette société particulière qu'est l'Église catholique apparaît bien comme un « marqueur essentiel[3] ». Ce n'est pas qu'un effet de mode ou une obsession des « médias ». C'est bien sur l'écoute de voix féminines, depuis si longtemps négligées[4], que repose la crédibilité de la parole chrétienne.

Le synode ne bouleversera pas ces hiérarchies du jour au lendemain. Toucher à ces matières suscite de fortes résistances, comme on l'avait vu à l'encontre du travail de la Ciase comme de certaines propositions qui ressortaient de la première session du Synode. La violence de certaines réactions montre bien qu'il s'agit de questions cruciales. Ceux qui attendent des changements radicaux lors de cette seconde session seront sans doute déçus. Mais, même si l'on peut regretter la timidité de certains textes, l'important est ailleurs. Une logique s'est inversée et les pratiques devront changer. Il importe à chacun et chacune de s'en saisir.

1. Christoph Theobald, voir plus loin dans ce numéro, pp. 65-78.

2. Hervé Legrand rappelle que, dans la théologie classique, le clerc est défini par un « pouvoir » (« sacré ») et par un « savoir » dont les laïcs seraient dépourvus. Ces derniers ne peuvent que « se laisser conduire » et « recevoir » (« Abus sexuels et cléricalisme », *Études*, n° 4259, avril 2019, p. 83).

3. Marie-Jo Thiel, « Réformer l'éthique sexuelle catholique », *Études*, n° 4312, février 2024, p. 80.

4. Anne-Marie Pelletier et Monique Baujard, « Pour une Église à l'écoute de la vie », *Études*, n° 4317, juillet-août 2024.

LES ÉTATS-UNIS À LA VEILLE D'ÉLECTIONS CRUCIALES

Laurence NARDON

Les péripéties de l'été ont changé le paysage politique américain à la veille des élections de novembre, dont les résultats restent malgré tout incertains. La candidature de la démocrate Kamala Harris accentue certains thèmes : la défense des droits des femmes et le pouvoir d'achat des ménages modestes. Par contraste, la ligne républicaine fait plus appel au ressentiment qu'aux propositions. En politique étrangère, c'est sur les relations transatlantiques que les différences sont les plus nettes.

La campagne pour les élections présidentielles américaines de novembre 2024 était partie pour opposer de nouveau les candidats de 2020 : le désormais octogénaire Joe Biden et le désormais repris de justice (*felon*) Donald Trump. Mais, comme souvent dans la politique américaine, « on ne s'ennuie jamais ! » (« *Never a dull moment !* ») : plusieurs rebondissements ont changé le cours des choses au début de l'été 2024.

La tentative d'assassinat de Trump par un tireur isolé lors d'un *meeting* organisé en Pennsylvanie, le 13 juillet, quelques jours avant la convention républicaine de Milwaukee, a promu l'ancien Président au rang de miraculé. Mais l'événement ne fait que renforcer le culte de la personnalité dont il fait l'objet de la part de sa base et ne change pas fondamentalement le cours des choses.

Le retrait de Biden, qui se déroule sur une séquence de vingt-quatre jours, est autrement décisif. Le Président, candidat à sa propre réélection, s'était montré laborieux et embrouillé lors du débat télévisé du 27 juin contre son adversaire. Cette contre-performance semblait confirmer l'affaiblissement cognitif de cet homme né en 1942. Il était désormais impossible d'ignorer les doutes sur sa capacité à se représenter. Dès le lendemain, le directeur de la publication du *New York Times*, Arthur Sulzberger, faisait paraître un éditorial signé du comité de rédaction et au titre sans appel : « Pour servir son pays, le président Biden devrait se retirer de la course[1]. » Certains responsables du Parti, tels que l'ancien *speaker* de la Chambre, Nancy Pelosi, et plusieurs grands donateurs emboîtèrent le pas à cette campagne d'opinion, rejoignant ce qui semblait être le sentiment de la majorité des électeurs depuis des mois. En février 2024, par exemple, un sondage Siena/*New York Times* révélait que 73 % des électeurs inscrits pensaient que Biden était trop âgé pour être un Président efficace. Le dimanche 21 juillet, Biden annonçait enfin son retrait par une lettre postée sur X (anciennement Twitter)[2].

Le coup de théâtre Kamala Harris

Dans les jours qui ont suivi, à la fin du mois de juillet, la vice-présidente Kamala Harris a rapidement établi sa légitimité à prendre la relève de Joe Biden dans la campagne. Les grandes figures du Parti démocrate, y compris les éventuels « présidentiables » concurrents, se sont ralliées à sa candidature. Énergique et souriante, Harris a immédiatement redynamisé son camp. Cette infusion soudaine d'un espoir de victoire s'est traduite en nombre de personnes dans les *meetings* de la candidate (15 000 personnes à Détroit ou Phoenix au début du mois d'août, par exemple) et en montant de contributions financières (310 millions de dollars récoltés par sa campagne en juillet). Mais ce changement a également entraîné la mise en place d'une nouvelle stratégie.

Kamala Harris avait eu un positionnement peu lisible lors de sa participation aux primaires démocrates de 2020. Les républicains accusaient cette femme noire de radicalité « *woke* » sur tous les sujets, tandis que la gauche du Parti démocrate dénonçait la dureté de l'an-

1. « *To serve his country, President Biden should leave the race* », comité de rédaction du *New York Times*, 28 juin 2024.

2. La séquence nous informe au passage sur les évolutions du paysage médiatique américain : si les grands journaux traditionnels conservent une influence politique majeure (en l'occurrence celle du *New York Times* sur le camp démocrate), les réseaux sociaux sont désormais les médias de référence pour faire de grandes annonces : X (anciennement Twitter) pour le retrait de Joe Biden, Instagram pour le choix du candidat à la vice-présidence Tim Walz (voir *infra*).

cienne procureure générale de Californie. Harris n'a pas eu la possibilité de s'exprimer plus clairement pendant ses années de vice-présidence, car elle devait suivre fidèlement la ligne de la Maison blanche.

Désormais, la candidate pouvait écrire son propre scénario avec ses équipes de campagne et l'on vit s'élaborer un nouveau discours, qui tranchait avec celui de la campagne de Biden. Cette dernière avait développé deux axes de communication en 2023 et 2024 : le risque d'une atteinte sérieuse à la démocratie américaine en cas de retour de Trump à la Maison blanche et le bilan positif de la politique économique du Président, dite *bidenomics*. Or, comme le prouvaient les sondages à la traîne, ces deux thèmes étaient loin de susciter une adhésion massive de l'électorat.

« Deux thèmes de campagne : la défense des droits des femmes et le pouvoir d'achat »

Dans la stratégie de la candidate démocrate pour gagner en novembre 2024, deux thèmes sont désormais privilégiés[3] : la défense des droits des femmes et le pouvoir d'achat des ménages modestes. Depuis la révocation de la garantie fédérale du droit à l'avortement par la Cour suprême en juin 2022 (décision Dobbs), le respect de ce que les Américains appellent les « droits reproductifs » constitue un thème très efficace pour les démocrates. Lors des élections de mi-mandat de novembre 2022, les républicains ont souffert dans les urnes de la désaffection d'une partie de l'électorat féminin et la campagne de Kamala Harris compte bien renouveler cette manœuvre. Concernant l'économie, l'accent porte moins sur la défense du bilan de l'administration Biden que sur l'annonce de nombreuses mesures de soutien aux ménages face à l'inflation, en cas de victoire démocrate.

Le choix du gouverneur du Minnesota, Tim Walz, comme candidat à la vice-présidence est également très significatif. Le Minnesota a dégagé une majorité démocrate aux présidentielles depuis 1976. L'investiture de Walz ne fera qu'y conforter la victoire déjà certaine du camp démocrate. Il apporte en revanche un ancrage dans le Midwest très précieux aux côtés d'une candidate californienne. Walz correspond d'ailleurs, à première vue, au stéréotype du Minnésotien sympathique, dit *Minnesota nice*, qui présente les habitants de cet état du Midwest comme

3. Voir le discours de Kamala Harris lors de la Convention démocrate, le 22 août 2024.

particulièrement courtois et amicaux[4]. En juillet, avant même sa nomination, Walz s'est mis à qualifier le camp Trump de « trop bizarre » (*just weird*). Si ce qualificatif moqueur s'est révélé très efficace dans l'opinion publique, il reste aussi très feutré compte tenu de la violence verbale devenue habituelle dans la politique américaine, ce qui apparaît comme caractéristique d'une attitude *Minnesota nice*.

Le positionnement politique de Walz n'en reste pas moins affirmé. Il a réussi à instaurer dans son État de nombreuses politiques considérées comme progressistes dans le contexte américain : le plafonnement du prix de l'insuline (avant sa mise en place au niveau fédéral par l'administration Biden), des congés parentaux rémunérés, le financement partiel des études supérieures pour les étudiants venant de familles modestes, un programme de repas gratuits pour tous à l'école, l'inscription du droit à l'avortement dans la loi de l'État et le renforcement des droits LGBTQ+. Sur ce dernier point, Walz a notamment signé en 2023 une série de décrets exécutifs protégeant les patients mineurs venus d'autres États pour recevoir des soins de transition de genre, faisant du Minnesota un « refuge trans[5] ».

Au-delà de ces politiques, l'élément décisif dans le choix de Walz a sans doute été sa relative neutralité sur la question de Gaza. La terrible attaque terroriste du 7 octobre 2023 en Israël a été suivie d'une opération militaire dévastatrice pour la population dans l'enclave palestinienne. Aux États-Unis, la petite minorité arabe et musulmane, la gauche du Parti démocrate et les étudiants sur les campus ont manifesté avec beaucoup de détermination leur opposition au soutien, perçu comme total, de l'administration Biden au gouvernement d'extrême droite de Benyamin Netanyahou. Lors des primaires démocrates du printemps 2024, ils ont appelé les électeurs à ne pas s'engager en faveur de Biden. Le pourcentage de ces votes dits *uncommitted* a atteint 13 % dans le Michigan, État qui compte une importante communauté musulmane, et jusqu'à 19 % dans le Minnesota de Tim Walz. L'autre candidat considéré pour la vice-présidence, le gouverneur de Pennsylvanie, Josh Shapiro, américain de confession juive beaucoup plus impliqué dans le soutien américain à Israël, aurait été un chiffon rouge vis-à-vis de cet électorat.

4. Dans le film des frères Joel et Ethan Coen *Fargo* (1996), le personnage de la policière incarne particulièrement bien ce stéréotype. *Cf.* Graham Fuller, « *How Frances McDormand got into "Minnesota Nice"* », *The New York Times*, 17 mars 1996.

5. Mandy Taheri, « *Tim Walz's policy for transgender minors explained* », *Newsweek*, 11 août 2024.

Le choix de Walz permet donc au ticket démocrate de couvrir toutes les composantes du parti. Tandis que Walz s'adresse aux radicaux, Harris se positionne pour sa part comme une candidate plus rassurante pour les modérés dans sa campagne express pour l'élection de novembre.

À la veille de la Convention démocrate du mois d'août, les sondages sont bien meilleurs pour Kamala Harris qu'ils ne l'étaient pour Joe Biden en juillet, et mettent la candidate démocrate au coude à coude avec Donald Trump. Le site d'agrégateur de sondages Five Thirty Eight indique même une légère avance de 2,6 points pour Harris face à Trump, au niveau national. Cette avance est également présente dans quatre des six États flottants, décisifs pour le résultat électoral : le Wisconsin (2,9 points d'avance), le Michigan (2,6), la Pennsylvanie (1,4) et l'Arizona (1,3). Le Nevada et la Géorgie restent en faveur de Trump, donnant chacun un point d'avance à ce dernier.

« *L'état de grâce dont bénéficie Kamala Harris pourrait ne pas durer* »

Au-delà de la présidentielle, le dynamisme retrouvé du camp démocrate pourrait avoir des effets positifs sur l'ensemble des résultats électoraux : à la Chambre des représentants, au Sénat et pour la myriade d'élections et de référendums dans les États. Ainsi, onze États vont procéder à l'élection de leur gouverneur en novembre 2024. Or, huit sont actuellement républicains et trois démocrates, ce qui signifie que, mathématiquement, le camp républicain a plus à perdre.

Mais le côté démocrate doit rester prudent, car l'état de grâce dont bénéficie Kamala Harris durant l'été pourrait ne pas durer. Le débat télévisé actuellement prévu entre elle et Donald Trump pour le 10 septembre sera suivi avec beaucoup d'attention par les électeurs, ainsi que celui entre les candidats à la vice-présidence, prévu pour le 1er octobre[6].

Un candidat républicain désorienté ?

Le camp républicain a été pris de court après le changement de ticket démocrate, à la fin du mois de juillet. Lors de la convention du parti, organisée à Milwaukee du 15 au 18 juillet, les orateurs avaient concentré leurs attaques sur le bilan de Biden, présenté comme désas-

6. Cet article est terminé le 20 août 2024 (NDLR).

treux, et surtout sur sa sénilité. Cette stratégie établie depuis des mois devait rester la même jusqu'en novembre, dans une campagne considérée par tous comme très certainement victorieuse. Mais, après l'annonce du retrait de Biden le dimanche 21 juillet, les républicains ont dû changer de pied très rapidement : à 78 ans, Trump est désormais le candidat le plus âgé de l'histoire américaine et il est désormais impossible de miser toute la communication de la campagne républicaine sur les questions de santé physique et mentale.

« L'inconstance et le flou du programme de Trump prouveraient sa nature antisystème et antiélites »

À l'été, cette campagne semble manquer d'élan face à des adversaires démocrates revigorés. Elle souffre tout d'abord d'un candidat au discours toujours erratique et rageur, qui concentre désormais ses attaques sur les origines ethniques de Kamala Harris et la radicalité du projet démocrate, sans jamais développer un discours clair et précis sur le programme républicain en cas de victoire. Si de nombreux républicains déplorent cette attitude, il n'en va pas de même pour les trumpistes les plus convaincus. Selon ces derniers, en effet, c'est la colère et non le raisonnement qui amène la base électorale de l'ancien Président à voter pour lui. L'inconstance et le flou programmatique du candidat sont d'ailleurs revendiqués comme des preuves de sa nature antisystème et antiélites.

Le choix du candidat à la vice-présidence pour le ticket républicain, James David Vance, renforce cette démarche. Investisseur en capital-risque dans la *tech*, proche de l'homme d'affaires libertarien Peter Thiel, JD Vance s'est fait connaître du grand public avec ses mémoires, *Hillbilly Elegy*, parues en 2017[7]. Il y décrit son enfance dans un milieu social très difficile, qu'il présente comme typique de la région des Appalaches, et dont il s'est sorti par les études (il est diplômé en droit de l'université de Yale). C'est pour défendre ces classes moyennes blanches appauvries par la mondialisation et méprisées par les élites que Vance est entré en politique. Il a été élu sénateur de l'Ohio lors des élections de mi-mandat de 2022 grâce au soutien de Trump.

L'investiture de Vance désobéit à la pratique traditionnelle qui veut que le candidat à la vice-présidence élargisse la base électorale du can-

7. Une version cinématographique de *Hillbilly Elegy* est sortie en 2020 sur Netflix. L'actrice Glen Close y joue le rôle très important de la grand-mère, que le narrateur appelle « *Mamaw* », avec l'accent typique du sud des États-Unis.

didat à la présidence. Le Parti républicain aurait ainsi pu choisir une personne plus modérée et aux appartenances ethniques, géographiques ou de genre tranchant sur celles de Trump. Au contraire, Vance est un homme blanc travaillant les mêmes thèmes populistes et réactionnaires que le candidat Trump. Tel qu'il se présente actuellement, le ticket républicain pour 2024 va donc s'adresser à la même base en comptant sur son extrême mobilisation lors du scrutin. De fait, Vance se révèle un politicien agressif « à la Trump » : ses commentaires sur les femmes progressistes qui préfèrent avoir des chats que des enfants ont fait les délices de toute la presse du pays, pour des raisons opposées, bien sûr[8].

Le désintérêt de Trump pour les annonces programmatiques détaillées se voit aussi confirmé par l'attitude de ses équipes face aux travaux réalisés pour le camp républicain par la Heritage Foundation. Ce *think-tank* conservateur avait coordonné la réflexion de nombreux centres de recherche marqués à droite pour rédiger le programme d'une future administration Trump 2. Le *Project 2025* est un texte de 900 pages mêlant les idéologies conservatrice et libertarienne pour proposer des mesures précises sur toutes les politiques sectorielles. Son objectif est à la fois de réinstaurer les « valeurs traditionnelles de l'Amérique » et de déconstruire l'« État profond ». Irrité par l'assurance des responsables de la Heritage Foundation, Trump a fait savoir qu'il refusait de reconnaître ce programme, au point que le coordinateur du projet, Paul Dans, a dû démissionner[9]. Le texte et la liste déjà constituée de milliers de personnes susceptibles de rejoindre une administration Trump en janvier 2025 restent cependant utilisables, le cas échéant.

Quelles conséquences pour l'Europe ?

Si le remplacement de Joe Biden par Kamala Harris rouvre la possibilité d'une victoire démocrate, les sondages de l'été indiquent toutefois que le résultat sera très serré. Or, le retour de Donald Trump à la Maison blanche serait une perspective préoccupante pour les Européens. En effet, si les projets de politique étrangère des deux camps sont compa-

8. N'oublions pas, cependant, qu'un Trump versatile pourrait toujours décider de changer de colistier dans les derniers mois de la campagne. *Cf.* Jamie Dettmer, « *With Biden out, Vance may be the wrong pick for Trump* », *Politico*, 22 juillet 2024.

9. Alec MacGillis, « *The man behind Project 2025's most radical Plans* », *ProPublica*, 1er août 2024.

rables en ce qui concerne la Chine, ils diffèrent de façon plus marquée sur le Moyen-Orient et surtout sur la question de la défense de l'Ukraine.

La menace chinoise

L'un des rares points de consensus bipartisan aujourd'hui à Washington est la méfiance voire l'hostilité assumée envers Pékin. La montée en puissance de l'économie chinoise depuis les années 2000 et les dommages causés au tissu industriel des pays développés par sa domination commerciale ont fini par provoquer le retour chez ces derniers de politiques et de mesures protectionnistes. S'y ajoutent la dénonciation des atteintes aux droits humains en Chine, ses avancées géopolitiques en mer de Chine méridionale et ses revendications vis-à-vis de Taïwan. Il est certain que Harris comme Trump maintiendront une attitude de vigilance, même si seul Trump promet déjà le retour à la guerre tarifaire qu'il avait lancée en 2018. Autre similarité, la posture dite d'« ambiguïté stratégique », établie depuis 1979 et qui laisse délibérément planer un doute sur la réaction des États-Unis en cas d'invasion chinoise de Taïwan, devrait être respectée quel que soit le candidat élu.

Le Moyen-Orient

Vis-à-vis de la situation à Gaza et d'une guerre possible entre Israël et l'Iran, l'attitude des deux candidats serait dictée par des considérations de politique intérieure très différentes pour l'un et l'autre. Kamala Harris est dans une position extrêmement délicate, puisque son parti est divisé sur la question de Gaza. Les démocrates modérés – tels que l'actuelle équipe de Biden – sont sur la ligne, traditionnelle depuis les années 1970, d'un soutien au gouvernement israélien qui n'admet que de timides critiques. Mais la gauche du parti s'est bruyamment manifestée au printemps 2024 et jusqu'à la Convention démocrate dans une défense, inédite aux États-Unis, de la cause palestinienne. Le choix de Walz permet de lui tendre la main, mais l'exercice concret du pouvoir par Harris, lorsqu'il faudra décider de nouvelles livraisons d'armes à Israël, par exemple, serait beaucoup plus difficile.

Trump, quant à lui, s'est montré résolument prosioniste pendant son premier mandat – c'est lui qui a déplacé l'ambassade des États-Unis de Tel Aviv à Jérusalem en 2018, une décision lourde de sens que les Présidents précédents avaient refusé de prendre. Il continuerait vraisemblablement dans la même veine, pour plaire non pas à l'électorat juif américain (très réduit et plutôt démocrate), mais à la droite chrétienne, dont le sionisme est lié à des raisons théologiques. Il est ironique d'observer que, en même temps, Trump est l'homme politique américain le plus capable de parler durement au premier ministre Netanyahou.

Les relations transatlantiques

Enfin, la poursuite du soutien américain à l'Ukraine, qui fait face depuis février 2022 à une guerre d'invasion russe, voit une différence complète entre républicains trumpistes et démocrates. L'un des rares points sur lesquels Trump n'a pas varié depuis le début du conflit est l'annonce de la fin du soutien américain à l'Ukraine, s'il est réélu. Cette attitude s'inscrit dans sa volonté d'en finir avec les interventions américaines conduites pour des raisons morales. Pour ce Président jacksonien[10], les États-Unis n'ont pas pour mission de défendre la démocratie dans le reste du monde. S'y ajoutent son étrange admiration pour l'homme fort du Kremlin et son mépris affiché pour les dirigeants européens. Trump a ainsi annoncé qu'en cas de victoire, il amènerait les dirigeants russes et ukrainiens à la table des négociations pour ramener la paix dans le pays (« en un jour », a-t-il ajouté[11]), très certainement au détriment des Ukrainiens. Pour sa part, Harris a participé aux principaux sommets transatlantiques sur la question ukrainienne. Elle s'est rendue à la Conférence de Munich sur la sécurité en 2022, 2023 et 2024, et à la conférence de haut niveau pour la paix en Ukraine organisée par la Suisse en juin 2024[12]… À chaque fois, elle a porté les assurances de soutien de l'administration de Joe Biden au président Volodymyr Zelensky. Quelle que soit la situation militaire et diplomatique en 2025, on peut penser qu'une administration Harris s'efforcerait de peser en faveur de Kyiv.

> *« Les responsables du continent européen doivent continuer à se penser comme des acteurs autonomes dans la crise »*

Une victoire démocrate serait un soulagement pour les Européens, puisqu'ils ne se retrouveraient pas seuls face à la menace russe.

10. En référence au président Andrew Jackson (1767-1845), septième président des États-Unis de 1829 à 1837, dont la politique étrangère était à la fois isolationniste et belliqueuse. Voir Laurence Nardon, « Politique étrangère américaine : la sombre vision de Monsieur Trump », *Études*, n° 4247, mars 2018.

11. Par exemple : « *Watch : Trump Says as President He'd Settle Ukraine War Within 24 Hours* », *Wall Street Journal*, 11 mai 2023 (sur *www.wsj.com*).

12. Jack Detsch sur la Russie et l'Ukraine et l'OTAN dans « The Kamala Harris doctrine », *Foreign Policy*, 26 juillet 2024.

Les responsables du continent européen doivent cependant continuer à se préparer à une possible victoire de Trump et surtout à se penser comme des acteurs autonomes dans la crise.

Laurence NARDON

Retrouvez le dossier « **États-Unis** »
sur *www.revue-etudes.com*

LA GUERRE EN UKRAINE ET LES STRATÉGIES D'INFLUENCE

Christine DUGOIN-CLÉMENT

L'invasion de l'Ukraine par la Russie marque le retour de la guerre classique mais elle s'accompagne aussi du développement d'opérations d'influence et de désinformation via l'Internet. Parmi les cibles privilégiées de cette guerre informationnelle, on trouve les pays d'Afrique et du Moyen-Orient. La lutte contre la « guerre cognitive » devient une priorité.

Le 24 février 2022, la Russie entamait l'invasion de l'Ukraine. Baptisée « opération militaire spéciale » par les Russes, elle ramenait sur le territoire géographique de l'Europe la guerre de haute intensité. Ce retour surprenait d'autant plus que, depuis la chute de l'Union soviétique (1991), les pays occidentaux avaient, pour beaucoup d'entre eux, reconfiguré leurs armées autour d'une approche expéditionnaire. En outre, l'action entreprise par le Kremlin venait contredire les engagements pris par la Russie sur la scène internationale, notamment l'article 1 de la charte des Nations unies qui stipule que les signataires s'engagent à « maintenir la paix et la sécurité internationales et à cette fin : prendre des mesures collectives efficaces en vue de prévenir et d'écarter les menaces à la paix et de réprimer tout acte d'agression ou autre rupture de la paix, et réaliser, par des moyens pacifiques, conformément aux principes de la justice et du droit international, l'ajustement ou le règlement de différends ou de situations, de caractère international, susceptibles de mener à une rupture de la paix ».

De fait, la guerre en Ukraine, en sus d'engager un conflit de haute intensité sur le territoire européen, voyait un détenteur de l'arme nucléaire bafouer ses engagements, pourtant matérialisés par la signature de traités internationaux, et mettre en péril la sécurité globale, tout en demandant pour lui-même des garanties de sécurité. Parallèlement, dans la prolongation de ce qu'il est d'usage d'appeler la « guerre hybride », même si le terme fait débat chez les experts, la confrontation de la Russie avec ses voisins occidentaux prenait des formes variées et usant notamment largement d'opération d'influence, pouvant tout à la fois se situer en dessous du seuil de déclenchement de la violence étatique et outrepasser les frontières géographiques du déroulement de la guerre physique en déployant des attaques informationnelles ou cybernétiques à large échelle[1]. Simultanément, la Russie décuplait une historiographie déjà utilisée depuis plusieurs années chez elle, en corrélation avec une bulle informationnelle afin de justifier son action belliqueuse. Elle s'appliquait à opérer une démultiplication des crises permettant de complexifier, voire de figer, la capacité de prise de décision des acteurs géopolitiques s'opposant à l'approche internationale et offensive du Kremlin.

De la préparation du conflit à l'invasion

Durant l'hiver 2022, Moscou positionnait à nouveau d'importantes forces militaires aux frontières ukrainiennes. Ce déploiement s'accompagnait de diverses exigences qui prenaient la forme d'un ultimatum dans lequel le Kremlin demandait la réalisation complète des accords de Minsk II signés en 2015, mais aussi un engagement de la part de l'Organisation du traité de l'Atlantique nord (OTAN) qu'elle n'intégrerait jamais l'Ukraine en son sein et qu'elle réduirait sa présence dans les pays d'Europe orientale qui l'avaient rejointe depuis la

1. Pascal Brangetto et Matthijs A. Veenendaal, « *Influence cyber operations : The use of cyberattacks in support of influence operations* », 8th International Conference on Cyber Conflict (CyCon), IEEE, 2016 ; Christine Dugoin-Clément, « Utiliser les potentialités du cyber pour des opérations psychologiques ciblées en temps de paix? », *Dynamiques internationales*, 2018 ; Todd C. Helmus (*et al.*), « *Russian social media influence : Understanding Russian propaganda in Eastern Europe* », Rand Corporation, 2018 ; Chr. Dugoin-Clément et David C. Vaidis, « *Discrepancy in internalized values of workers in extreme situations : Consequences for soldiers and risk for the organization* », *European Review of Applied Psychology*, n° 70 (5), 2020 ; Keir Giles, *Handbook of Russian information warfare*, NATO Defence College Research Division, 2016 ; K. Giles, « *"Hybrid Threats" : What Can We Learn From Russia ?* », 2019 (sur *www.researchgate.net*).

fin de la Guerre froide. Outre le fait que la Russie niait déjà la souveraineté de l'Ukraine en corrélant l'invasion de son territoire à la réponse de pays tiers, à savoir les membres de l'Alliance et tout particulièrement les États-Unis, le Kremlin alignait cette demande sur un discours éprouvé depuis plusieurs années, que ce soit en Russie ou à destination de l'extérieur de la Fédération. En effet, le récit de l'encerclement de la Russie par l'OTAN et d'une promesse non tenue portant sur un engagement de ne pas accepter dans l'Alliance les pays voisins de la Russie aura fait long feu, alors que ce point n'avait fait l'objet d'aucune garantie formelle et que la tenue d'une promesse explicite avait été démentie par plusieurs diplomates présents lors de ces mêmes négociations[2].

« *Avec l'invasion, la Russie a continué à réécrire l'histoire à même de justifier son action* »

Avec l'invasion de l'Ukraine, mais déjà lors du soutien apporté par la Russie aux séparatistes des républiques autoproclamées de Donetsk et Louhansk dans le Donbass, la Russie a continué à réécrire l'histoire à même de justifier son action mais aussi un comportement belliqueux envers l'Ukraine. On a vu ainsi émerger de nombreux discours mettant en avant un Donbass russophone prétendument maltraité par l'Ukraine, voulant intégrer la Russie en 2014, alors même que, au début de cette année, avant que les séparatistes ne bénéficient d'un soutien massif, on pouvait assister à des manifestations pro-Kyiv et proeuropéennes à Donetsk bien plus importantes que les rassemblements séparatistes de la même période. Rapidement le qualificatif de « nazi » s'est répandu en utilisant ce qu'Anna Colin Lebedev, sociologue spécialiste de la Russie et de l'Ukraine, qualifie d'une « goutte de poison ». Elle rappelle en effet que, s'il y a bien eu des groupes pronazis dans l'Ukraine de la Seconde Guerre mondiale, ces partisans ne représentaient qu'une partie infinitésimale de la population. À ce titre, utiliser cette portion congrue et ses résurgences modernes, tout aussi infimes, revient à verser une goutte de poison afin de rendre toxique la bouteille entière, ce qui est tout sauf une représentation réaliste de l'état de la population[3]. Ces discours ont largement refleuri depuis le début de 2014 et avec plus de force encore lors de l'invasion entamée en 2022, le

2. Mark Kramer, « *The Myth of a No-NATO-Enlargement Pledge to Russia* », *The Washington Quarterly*, 2009 ; Jeff Neal, « *There was no promise not to enlarge NATO* », *Harvard Law Today*, 2022 (sur *https://hls.harvard.edu/today/*).

3. Anna Colin-Lebedev, *Plus jamais frères ?*, Seuil, 2022 ; Catherine Dugoin-Clément, *Influence et manipulation, Des conflits armés modernes en Ukraine aux guerres économiques*, VA éditions, 2022.

Kremlin appelant à une dénazification de l'Ukraine, alors que le pays est dirigé par un russophone de confession juive. Il pourra paradoxalement faire l'objet de déclarations antisémites de la part de la Russie, en la personne de son Président[4]. Dans le même temps, les gouvernements ukrainien et occidentaux étaient accusés d'être « satanistes », argument permettant d'invoquer la religion pour justifier l'action militaire en Ukraine[5]. Ces justifications ressurgissent aujourd'hui chez les partisans d'une « partition » de l'Ukraine, alors que d'autres allégations favorables à l'invasion avaient été largement diffusées dès le début du mois de mars 2022, auprès de pays non occidentaux, notamment de la zone moyen-orientale et africaine.

Déploiement du conflit au-delà des frontières

Au lancement de « l'opération militaire spéciale », les membres de l'Union européenne (UE) ont réagi avec une rapidité et une unanimité que le Kremlin n'avait sans doute pas envisagées. Aussi, si la machine informationnelle restait active, l'UE n'a pas été l'axe d'effort majeur des opérations d'information russes visant à développer des justifications fictives de l'invasion. *A contrario*, on a observé une large diffusion de contenus favorables à l'invasion et notamment des mèmes, images ou photos détournées et accompagnées de courtes phrases de commentaires, visant la zone du Moyen-Orient et de l'Afrique du Nord[6]. Ces contenus, loin d'être produits *ex nihilo*, s'appuyaient sur des contentieux et méfiances anciennes dans les zones visées. On a ainsi pu observer à partir de là un discours accusant le « double standard » occidental au Moyen-Orient, ravivant le souvenir des guerres du Golfe et d'Afghanistan, alors que le dossier du Kashmir était rouvert en Inde. Sans surprise, l'anticolonialisme et l'antimondialisme étaient convoqués dans le débat relatif à l'invasion de l'Ukraine dans les contenus adressés au continent africain, argumentaire déjà mobilisé avant l'invasion de février 2022. Le réemploi de

4. Joanna Szostek et Stephen Hutchings, « *Dominant narratives in Russian political and media discourse during the Ukraine crisis* », *Ukraine and Russia : People, politics, propaganda and perspectives*, 2015, pp. 183-196.

5. Isabelle Cornaz, « Le Kremlin invoque la religion pour justifier son invasion de l'Ukraine », RTS, 21 novembre 2022 (sur *www.rts.ch/info/monde/*).

6. Carl Miller, Melanie Smith et Francesca Arconstanzo, *Beam : Defending Information*, 2022 (sur *https://beamdisinfo.org*).

sujets clivants et déjà familiers à la population cible permettait une diffusion plus large et facilitait l'adhésion de ladite population. Cette diffusion et cette adhésion se trouvaient renforcées si ces contenus étaient repris par des personnes réelles, tout particulièrement s'il s'agissait d'influenceurs. Viser des sujets sensibles disposant de leurs propres avocats permettait donc de renforcer la viralité et le caractère persuasif des contenus produits à dessein. Ces discours de propagande possèdent des paradigmes communs. S'ils s'appuyaient sur des contextes préalablement perturbés, on a également noté qu'ils le faisaient sur des modes épistémiques parallèles, à partir de connaissances forgées à dessein au mépris des règles qui régissent le journalisme traditionnel, la méthode scientifique ou universitaire. Ce parallélisme se vérifie jusque dans le travail d'enquête, la controverse et même la vérification des faits que doivent pratiquer les journalistes. Ce dernier aspect fut notamment mis en lumière lorsqu'un faux groupe d'« osinteurs »[7] a été démasqué par une autre communauté, réelle celle-ci. Les prétendus osinteurs annonçaient avoir vérifié des vidéos ou photos et pouvoir en assurer l'authenticité. Pour autant, l'*osint* obéit à plusieurs règles, l'une d'entre elles consistant à citer les méthodes et outils en accès libre (*open access*) utilisés pour arriver au résultat annoncé. Cette méthode a pour finalité de laisser l'ensemble de la communauté vérifier l'authenticité de la validation ou de l'invalidation. Dans ce cas précis, les faussaires donnaient bien des explications mais elles étaient mensongères. Du coup, une autre communauté d'osinteurs a pu démasquer la supercherie qui avait pour but réel de rendre crédibles les éléments de désinformation servant le Kremlin.

> **« *Viser des sujets sensibles permettait de renforcer le caractère persuasif des contenus produits à dessein* »**

Démultiplication des atteintes démocratiques

Un des enjeux de l'influence est d'arriver à des prises de décision favorables ou, *a minima*, à une absence de prise de décision défavo-

7. Un « osinteur » est un pratiquant de l'*osint* (*Open Source Intelligence* ou « renseignement de source ouverte »). Il s'agit de vérifier l'authenticité de contenus se trouvant le plus souvent sur Internet en utilisant des outils technologiques disponibles en accès libre (*open access*), autrement dit gratuitement. Pour plus d'information, voir Catherine Dugoin-Clément, « L'invasion russe de l'Ukraine : l'heure de gloire de l'*osint* », *The conversation*, 25 juillet 2022.

rable, de la part d'un appareil étatique, d'une population ou de personnes qui présentent un intérêt pour ceux qui conçoivent la stratégie d'influence. En ce sens, démultiplier les crises ou les situations de crise participe à figer la possibilité de prise de décision, cette dernière se complexifiant à mesure que les situations s'enflamment et que les sujets sensibles s'accumulent. À ce titre, on a pu observer une évolution en matière d'influences et d'opérations informationnelles au travers de l'usage qui a pu en être fait pour agir comme démultiplicateur de crises préexistantes. Si des actions comme Doppelgänger[8], qui avaient consisté à imiter des journaux de références pour faire croire à leurs lecteurs que ces derniers diffusaient des contenus entachant la réputation de l'Ukraine ou à même de diviser les membres de l'UE[9], d'autres actions floutant les limites des mondes *on line* et *off line* ont été décelées. En novembre 2023, Viginum[10] a mis au jour une affaire assez emblématique, même si cette dernière s'est révélée être un relatif fiasco pour la Russie. À la suite de l'attaque perpétrée par le Hamas dans la bande de Gaza, le 7 octobre 2023, la France voyait monter les tensions d'origine antisémite sur son territoire national. C'est dans ce contexte que sont apparus des tags représentant une étoile de David bleue dans plusieurs arrondissements de Paris. Rapidement, les forces de l'ordre ont pu interpeller les auteurs de ces tags. Les contrevenants, de nationalité moldave, ont déclaré avoir été payés pour agir ainsi. Le commanditaire a pu rapidement être identifié : Anatoli Prizenko, un oligarque moldave prorusse, bien connu notamment pour ses positions hostiles à l'Union européenne et ses liens avec le Kremlin. En outre, ces tags avaient commencé à être largement repris par des réseaux qui avaient été mis en évidence dans l'opération Doppelgänger. Si cette opération a été rapidement dénoncée et n'a eu que peu de répercussions grâce à la réaction rapide de Viginum et à l'usage de relais peu efficaces, il ne faudrait pas pour autant en déduire que toutes les opérations informationnelles sont si simples à contrecarrer. La

8. Cette opération de désinformation consiste en la création de doubles numériques (*Doppelgänger* signifie « sosie », en allemand) imitant graphiquement de grands organes de presse ou des organisations du pays ciblé. Pour la France, les sites internet doublés sont ceux du *Monde*, de *20 minutes*, du *Figaro* ou du *Parisien* ainsi que celui du ministère des Affaires étrangères. Ces doubles numériques sont installés sur des noms de domaine qui utilisent la technique du typosquattage et peuvent prendre au piège l'internaute lambda.

9. Catherine Dugoin-Clément, « Opération Doppelgänger : quand la désinformation russe vise la France et d'autres pays européens », *The conversation*, 2023.

10. Créé en 2021, Viginum est le service technique et opérationnel de l'État chargé de la vigilance et de protection contre les ingérences numériques étrangères.

même agence a alerté en février 2024, à l'occasion des deux ans du début de la guerre en Ukraine et alors que la Russie parie plus que jamais sur une érosion du soutien occidental à Kyiv, sur l'existence d'une autre opération de grande envergure : Portal Kombat. Cette opération visant à diffuser de la propagande russe avait réussi à constituer un réseau de portails dits d'information composés de quelque 193 sites dans le but d'influencer la perception des opinions publiques, y compris française, quant à la situation en Ukraine, aux actions que devraient prendre les gouvernements et à la nature du gouvernement de Kyiv, largement dénigré au même titre que la population ukrainienne[11]. En polarisant le débat public numérique francophone, ces actions visent à neutraliser le soutien occidental dont l'Ukraine dépend pour assurer sa défense, ce qui permettrait à la Russie de bénéficier de l'avantage militaire qu'elle recherche sur le terrain depuis deux ans.

« Le Kremlin compte sur la maîtrise de sa propre sphère informationnelle pour assurer sa continuité »

Cette polarisation du débat public fait écho aux diverses ingérences dans les processus démocratiques observés jusqu'alors, que ce soit en 2016 dans les élections présidentielles américaines, dans les « fuites » (*leaks*) observées dans les élections présidentielles françaises ou les soupçons relatifs aux tentatives d'influence lors du vote du *Brexit*. S'ensuivit une prise de conscience faisant dire en 2018 à la commissaire européenne à la justice, Věra Jourová, que le risque d'ingérence et de manipulation dans les élections n'avait jamais été aussi élevé. Notons que de récentes « fuites » ont montré à quel point le Kremlin compte sur la maîtrise de sa propre sphère informationnelle pour assurer sa continuité. Parallèlement à l'appareil de désinformation russe déjà connu, diverses études ont montré que les services de renseignement, notamment le renseignement militaire, avaient fait l'objet d'une restructuration permettant notamment de renforcer leurs actions informationnelles et les mesures actives visant des pays tiers. Outre la menace pesant sur les processus démocratiques, les crises sont intentionnellement démultipliées, notamment en impliquant la France dans divers troubles touchant les pays d'Afrique de l'Ouest, quitte à user dans ce but de « *proxy* » comme la

11. Secrétariat général de la Défense et de la Sécurité nationale (SGDSN), « Portal Kombat : un réseau structuré et coordonné de propagande prorusse », 12 février 2024 (sur *www.sgdsn.gouv.fr*).

société militaire privée (SMP) Wagner[12] a pu le faire au travers de la diffusion de dessins animés[13] ou par la propagation de fausses informations concernant la France et ses forces armées, comme dans le cas du charnier de Gossi (Mali) qui avait fait l'objet d'un démenti produit par le ministère français des Armées[14].

Prise de conscience et réaction occidentales

Les actions visant à influencer la psychologie des foules et les comportements ne datent pas de 2014, les « *Psyops* » (*psychological operations*) sont connues depuis bien longtemps. Pour autant, l'explosion de la technologie numérique a facilité leur production tout en rendant plus délicate leur attribution, ce qui permet à leurs auteurs de bénéficier d'un « brouillard de la guerre » dont Carl von Clausewitz (1780-1831) n'aurait pas osé rêver. Si la guerre dans le Donbass, commencée en 2014, n'avait pas réussi à le faire pleinement, les ingérences dans les élections américaines de 2016 ont permis une prise de conscience de la part des Occidentaux. En France, on a pu observer que, lors de la dernière version de la Revue nationale stratégique (RNS), l'influence devenait une priorité stratégique pour l'État. Préalablement à cette révision anticipée de la RNS, la France avait annoncé la mise en œuvre de la Lutte informatique d'influence (L2I). Celle-ci faisait l'objet d'un lancement particulièrement public lors duquel la ministre des Armées et le chef d'état-major des armées en dévoilaient les grandes lignes. En substance, ils annonçaient que la France se dotait d'une force capable de répondre aux opérations d'influence dont elle pourrait être l'objet. Pour autant, il était précisé que les

12. Elena Pokalova, « *The Wagner group in Africa : Russia's quasi-state agent of influence* », *Studies in Conflict & Terrorism*, 2023, pp. 1-23.

13. Renaud Toffier, « Wagner, désinformation et dessins animés : comment la Russie chasse la France d'Afrique », *L'Express*, 3 mars 2023.

14. Au lendemain du départ des derniers soldats français de la base de Gossi, au centre-est du Mali, un premier *tweet* alerte : « Les images des cadavres depuis la base de Gossi sont terribles. » Dans ce *tweet*, l'auteur évoque « un crime contre le peuple malien fait par les Français » et une vidéo qui circule sur l'application WhatsApp. Le lendemain, il publie une photo où l'on voit des restes humains à moitié ensevelis. Mais d'autres vidéos, prises par un drone de l'armée française, montrent ces cadavres, avec onze hommes en uniforme qui évoluent à proximité. Deux d'entre eux jettent des pelletés de sable sur les corps inertes. On peut les identifier comme des miliciens de Wagner. La publication de documents de ce type par l'armée française vise à court-circuiter la fabrication d'une infox et à fournir une réponse à l'offensive informationnelle. Voir Sophie Malibeaux et Grégory Genevrier, « À Gossi, mise en scène d'un charnier pour discréditer l'armée française », RFI, 2022 ; Robin Burda, *Cognitive Warfare as Part of Society : Never-Ending Battle for Minds*, The Hague Centre for Strategic Studies (HCSS), 6 juin 2023 (sur *https://hcss.nl*).

actions entreprises dans la L2I répondraient à un cadre éthique très strict comprenant diverses règles, comme celle de ne pas user de ces méthodes envers un pays avec lequel la France ne serait pas en conflit ou celle explicitant que jamais la L2I ne pourrait être utilisée sur sa propre population. Plus largement, d'autres États s'arment pour pouvoir réagir dans le domaine de la cognition, amenant d'ailleurs à définir la guerre cognitive, voire à lui donner un corps doctrinaire. En effet, la guerre cognitive, ou « *CogWar* », fait l'objet de recherches de la part de plusieurs grandes puissances. De nombreux pays tentent aujourd'hui de la définir[15]. Pour l'OTAN, ce sont « des technologies [...] telles que l'IA [intelligence artificielle], les TIC [technologies de l'information et de la communication], les neurosciences, la biotechnologie et l'amélioration de l'être humain [qui sont] délibérément utilisées [...] dans l'espace de bataille du XXIe siècle ».

> **« Certaines opérations prennent à rebours la recherche de la vérité »**

* * *

En conclusion, si le conflit déclenché par le mouvement d'invasion décidé par Moscou signe le retour de la guerre de haute intensité, il est aussi le marqueur du déploiement d'une guerre qui camoufle sa vraie nature dans la mesure où elle peut se dérouler en période de paix ou même de tension relative, tout en restant en dessous du seuil de déclenchement de la violence. Pour autant, les opérations informationnelles constituent un pan de la guerre que livre Moscou aux Occidentaux dans leur ensemble, en ciblant leurs populations, leurs élites et leurs processus démocratiques. Plus encore, certaines opérations prennent à rebours ce qui participe à faire l'identité des démocraties : la recherche de la vérité. En effet, la récente opération Matriochka[16] vise à saturer les services de vérification des faits (*fact checking*), en leur demandant *via* de faux comptes, dont beaucoup ont été identifiés comme faisant partie de la constellation informationnelle russe, de vérifier de fausses informations. Si ces derniers acceptent, ils se

15. Éric Autellet, *Cognitive Warfare : Contribution of the French Armed Forces Deputy Chief of Defence*, NATO Collaboration Support Office, 2022 ; Koichiro Takagi, « *The Future of China's Cognitive Warfare : Lessons from the War in Ukraine* », *War on the Rocks*, juillet 2022.

16. Ce nom (*matriochka* se traduit par « poupée russe ») a été donné par le collectif « Antibot4Navalny ».

retrouvent vite saturés ; s'ils refusent, ils sont alors l'objet d'un dénigrement mettant en doute leur sincérité, car ils auraient refusé de répondre à une demande légitime d'un citoyen ordinaire. Ce type d'opérations, retournant contre les démocraties leurs propres valeurs, doivent d'autant moins être prises à la légère qu'elles manifestent une créativité notable en termes de formes d'opérations auxquelles nous serons confrontés de plus en plus à l'avenir. Outre Matriochka et Doppelgänger, force est de reconnaître que les exemples d'attaques foisonnent. À titre d'exemple, en juillet 2024, l'usage d'adresses de page hypertexte sur Internet (URL) dites « jetables » a été observé dans la diffusion de discours visant à diviser les membres de l'UE ou à renforcer les partis radicaux représentés lors de l'élection législative française tenue à la suite de la dissolution de l'Assemblée nationale. Dans le même temps, une étude[17] mettait en avant l'usage d'une communauté de *bots* (« robots ») mise en place par Moscou dans le but d'instrumentaliser le climat politique français au bénéfice de l'extrême droite, en polarisant les positions politiques. Pour autant et si l'on peut constater des actions, l'effet reste délicat à mesurer sur les décisions de vote. On a aussi pu noter des actions visant à discréditer la France en Afrique de l'Ouest, ciblée depuis plusieurs mois déjà : on mentionnera, par exemple, une opération cherchant à faire croire que la France a diffusé de faux billets au Mali pour déstabiliser le pays, rumeur reprise largement par les réseaux du média Spoutnik Afrique[18].

Christine DUGOIN-CLÉMENT

17. David Chavalarias, « Minuit moins dix à l'horloge de Poutine : analyse de réseaux des ingérences étrangères dans les élections législatives de 2024 », 2024.

18. Grégory Genevrier, « La France accusée d'imprimer des faux billets pour déstabiliser le Mali ? Attention à cette infox », RFI, 28 juin 2024 (sur *www.rfi.fr*).

International

CHRONIQUE

de Thomas Gomart

Directeur de l'Institut français
des relations internationales (Ifri).

Nouveaux rapports de force en Baltique

Si l'issue de la guerre d'Ukraine entre Kyiv, Moscou et Minsk demeure incertaine, il est d'ores et déjà possible d'observer ses conséquences sur un théâtre régional, celui de la Baltique. L'énumération des pays riverains rappelle l'importance stratégique de cette région : la Russie, l'Estonie, la Lettonie, la Lituanie, la Pologne, l'Allemagne, le Danemark, la Suède et la Finlande. Pour Moscou, cette mer relie la Russie à l'Europe avec Saint-Pétersbourg et Kaliningrad comme points de contact. À la suite de l'agression russe, Stockholm et Helsinki ont renoncé à leur neutralité pour rejoindre l'Organisation du traité de l'Atlantique nord (OTAN), ce qui conduit certains à présenter désormais la Baltique comme un lac « otanien ».

Les choses restent évidemment plus complexes. Sur le plan énergétique, cette zone était au cœur de la relation gazière entre la Russie et l'Union européenne jusqu'à l'explosion du gazoduc North Stream, qui reliait la Russie à l'Allemagne, en septembre 2022. En octobre 2023, le gazoduc entre la Finlande et l'Estonie était endommagé par un bateau chinois. Ces épisodes rappellent aux pays riverains que leur vulnérabilité n'est pas simplement militaire. Sur le plan stratégique, il est néanmoins évident que la posture de l'OTAN se trouve renforcée. Régime parlementaire, la Finlande dispose de forces armées assises sur la conscription. Elle dépense plus de 2 % de son produit intérieur brut (PIB) pour sa défense. Monarchie parlementaire, la Suède dispose d'une petite armée professionnelle qu'elle cherche à faire remonter en puissance. Elle consacre 1,2 % de son PIB à la défense mais bénéficie d'une base industrielle de défense très performante, en particulier dans les domaines naval et aéronautique. Elle réactive des dispositifs de défense civile depuis 2014. Dans la région, ce sont les pays baltes et la Pologne qui produisent l'effort de réarmement le plus significatif. Varsovie consacre désormais plus de 3 % de son PIB à sa défense et s'équipe notamment en

Corée du Sud pour ses armes lourdes. L'Allemagne, quant à elle, va déployer une brigade d'ici 2027 en Lituanie.

Puissance nucléaire, la Russie pèse toujours lourd en Baltique, même si une partie de sa flotte a rejoint la mer Noire avant l'offensive de février 2022. Les pays de l'OTAN s'inquiètent d'éventuelles opérations amphibies sur des îles ou de sabotage sur des infrastructures critiques. Moscou s'appuie sur des forces navales limitées, tout en ayant pris soin de renforcer son dispositif à Kaliningrad. Une des inconnues réside précisément dans l'ordre de bataille russe dans ce bastion, distant de 85 kilomètres de la Biélorussie, pays satellite de Moscou. Ce segment terrestre entre la Pologne et la Lituanie, le corridor de Suwałki, représente un enjeu hautement stratégique dans la mesure où les pays Baltes redoutent de voir les troupes russes s'y engouffrer pour les envahir. Il est considéré depuis longtemps comme le talon d'Achille de l'OTAN, qui a pourtant intensifié sa présence après l'annexion de la Crimée en 2014.

Un pays comme la France réinvestit cet espace dans ce cadre, en conduisant des activités de vigilance accrue sur terre, en mer et dans les airs. Depuis 2014, elle contribue à un groupement tactique basé en Estonie sous commandement britannique. Parallèlement, elle soutient des troupes en Roumanie, projetées après 2022. Limitées en nombre, les forces déployées participent à la préparation opérationnelle et au signalement stratégique. Cette évolution conduit à rappeler le rôle clé de Paris en Europe centrale et orientale durant l'entre-deux-guerres. Paris s'est progressivement détourné de cet espace pendant la Guerre froide, puis après la chute de l'URSS. Le modèle d'armée professionnelle s'est construit dans une logique expéditionnaire. Pour dire les choses simplement, l'Afrique et la Méditerranée étaient prioritaires. Ce ne peut plus être le cas aujourd'hui compte tenu, d'une part, de la vigueur de la menace russe et, d'autre part, du reflux de l'influence militaire française en Afrique. Comme le souligne un récent rapport : « Longtemps, Paris a mené une politique accommodante vis-à-vis de Moscou qui négligeait les préoccupations politiques et stratégiques de ses alliés centre-européens[1]. » La guerre d'Ukraine et son système d'alliance l'obligent à intégrer les effets de bord entre la mer Noire et la mer Baltique.

1. Sur ce sujet, Élie Tenenbaum avec la collaboration d'Amélie Zima, « Retour à l'Est : la France, la menace russe et la défense du "Flanc Est" de l'Europe », *Focus stratégique*, n° 119, Institut français de relations internationales, juin 2024, p. 11.

LA GAUCHE FRANÇAISE : COMBIEN DE DIVISIONS ?

Une perspective historique

Christophe PROCHASSON

Les recompositions et les tensions qui divisent le Nouveau Front populaire ne sont pas nouvelles et font partie de l'histoire de la gauche française. L'analyse des courtes périodes d'unité et des ruptures des diverses organisations de gauche depuis le dernier tiers du XIXe siècle apporte ainsi une perspective historique éclairante sur les tiraillements actuels.

L'histoire des gauches françaises est ponctuée d'alternances entre périodes de désunion et moments d'unité. Depuis une bonne dizaine d'années, convenons que les premières semblent nettement l'emporter sur les seconds, au point que l'ancien Premier ministre socialiste, Manuel Valls, a naguère avancé l'idée de « gauches irréconciliables ». Les dernières semaines si agitées de notre vie politique semblent pourtant lui avoir opposé un démenti cinglant. En référence à une parenthèse enchantée durant laquelle toute la gauche s'était retrouvée rassemblée derrière un programme minimum élaboré durant la crise politique et sociale des années 1930, socialistes, insoumis, communistes, écologistes et militants issus d'organisations politiques, syndicales et associatives ancrées à gauche ont donné naissance à un « Nouveau Front Populaire » quelques heures après que le président de la République eut prononcé la dissolution de l'Assemblée nationale. Il ne fallut cependant que quelques jours pour observer les premières failles apparaître dans cette alliance. Celle qui l'avait précédée – le Front populaire des années 1934-1937 – et dont elle prétendait réactiver la mémoire avait résisté aux divisions qui la menaçaient durant près de trois années, malgré ses fragilités initiales. Au regard d'autres expériences unitaires, une telle durée correspond à peu près à une respiration normale. À gauche, à quelques exceptions près, l'amour ne dure guère jamais plus de trois ans.

Une histoire de divisions

Il suffit de remonter le fil du temps pour s'en convaincre. Même au temps où le socialisme n'était encore qu'une « idée », à peine baptisée, les divisions se firent vite jour. Les disciples de l'un des grands fondateurs du socialisme, Saint-Simon (1760-1825), ne tardèrent pas à se quereller sitôt le grand homme disparu. Sur le constat partagé que le monde souffrait de dysfonctionnements qui en dérégulaient la bonne marche provoquant autant d'injustice que de désordre, que de débats autour de ce qu'il convenait de faire et selon quelles méthodes ! Dès lors, les « écoles socialistes » se multiplièrent. Nourries par la pensée d'intellectuels parfois de haute volée, agiles dans la dispute et passionnés par elle, elles alimentèrent un esprit de secte. Cette matrice qui enserra la naissance du socialisme sous toutes ses variantes n'a sans doute pas fini de produire ses effets.

Lorsque la politique sous ses espèces républicaines s'imposa à l'idée socialiste, elle ajouta aux divisions inhérentes aux controverses doctrinales celles de la rivalité démocratique. Comment gagner les suffrages de la « classe la plus pauvre et la plus nombreuse », comme la désignait Saint-Simon, celle qui devait trouver dans le socialisme son langage et ses représentants ? Quelle voie emprunter pour accéder au pouvoir que l'on mettrait, une fois conquis, au service des plus démunis ? Fallait-il la patience qu'exigeait une mutation sociale en profondeur, faite de la lente sédimentation de mesures réfléchies et réalisables ? Ou bien fallait-il opter en faveur de l'éclair révolutionnaire, cette fulgurance historique garante d'une transformation bienfaisante et immédiate ? Entre ces deux « méthodes », il convenait de dire celle que l'on privilégiait. C'est sur ce point (et quelques autres aussi) que s'affrontèrent deux grandes figures du socialisme français dans un mémorable débat public qui eut pour cadre rien moins que l'hippodrome de Lille en novembre 1900 quand les braises de l'affaire Dreyfus, qui avait aussi contribué à diviser la gauche, étaient encore vives. Jean Jaurès (1859-1914) et Jules Guesde (1845-1922) s'opposèrent également sur la question des alliances à nouer. La sortie de la crise dreyfusienne n'écartait pas les risques que faisaient courir les forces nationalistes et souvent antirépublicaines, organisées en ligues et factions. Elles semblaient conserver le vent en poupe. Face à elles, Jaurès en appelait à une union large de la gauche avec les radicaux plus modérés, quand Guesde s'en tenait à une conception épurée du socialisme qui ne devait pas se compromettre.

La participation d'un ministre socialiste, Alexandre Millerand (1859-1943), à un gouvernement « bourgeois », en juin 1899, aggrava les tensions et déchaîna les fureurs des « révolutionnaires » à l'encontre de ceux qui, comme Jaurès, estimaient que tout était bon à prendre pour faire avancer la cause socialiste et combattre l'extrême droite de ce temps. Un Parti socialiste *français*, prêt à exercer le pouvoir et convaincu que la transformation socialiste pouvait passer par des trains de réformes successives, se démarqua d'un Parti socialiste *de France*, attaché à des références marxistes travaillant l'imaginaire révolutionnaire.

Le goût de la bataille hargneuse

Si, à Lille, les deux grands orateurs surent s'opposer avec courtoisie et respect mais non sans fermeté, il n'en alla pas toujours ainsi parmi les partisans de l'un et l'autre camp. Depuis les années 1880, les militants d'organisations socialistes minuscules avaient pris goût à la bataille hargneuse. Toutes n'en étaient pas moins « révolutionnaires » puisqu'elles en appelaient à la disparition d'un ordre économique et social (le capitalisme) au profit d'un autre (le socialisme), sans doute encore mal défini mais bien dessiné dans ses principes fondés sur la plus rigoureuse des égalités. On pouvait s'opposer sur les méthodes, le rôle de la violence, la relation aux syndicats ou aux coopératives, comme sur les alliances à passer avec les autres forces politiques voire le soutien à apporter à la République, un socle de valeurs et un horizon historique communs rassemblaient les différents socialismes entre eux.

C'est ce qui contribua à permettre une nouvelle unité de la gauche socialiste en 1905, après plusieurs tentatives unificatrices manquées après quelques mois d'efforts. Face à un mouvement qui poussait la plupart des socialistes européens à s'unir en une seule organisation, les Français durent céder tout à la fois à la pression venue d'une « base » plus unitaire que ses dirigeants et aux injonctions d'une Internationale socialiste agacée par ces sempiternelles querelles françaises. Ceux qui se combattaient, ceux que l'on aurait pu penser comme « irréconciliables » – et, à les lire ou à les entendre, on avait toutes les raisons de désespérer du moindre accord ! – se retrouvèrent dans la même organisation qui prit le nom de Parti socialiste – SFIO, sigle signalant sa fibre internationaliste : Section française de l'Internationale ouvrière. Cet effort se fit au prix de concessions venues de l'aile la moins marxiste du socialisme français, que représentaient Jaurès et ses amis politiques, au profit du courant le plus « révolutionnaire » rassemblé derrière Guesde. Les « modérés » avaient cédé devant les « radicaux », sous la pression d'un rapport de force qui ne leur était pas favorable. Provisoirement. Trois ans plus tard, lors d'un Congrès socialiste réuni à Toulouse, un renversement s'opéra en faveur des premiers.

Des conciliations sans réconciliation

De 1905 à 1920, les socialistes irréconciliables concilièrent – s'ils ne se réconcilièrent – leurs désaccords. Le microscope historique révèle évidemment de nombreux chahuts qui affectèrent la vie intestine de l'organisation. Comment en aurait-il pu aller autrement dans un parti politique qui vivait de débats et abritait une abondante production théorique émanant souvent de grands intellectuels français et internationaux ? La Première Guerre mondiale ne fut pas le dernier défi que le Parti socialiste – SFIO dut relever. Engagés presque comme un seul homme en août 1914 dans la défense de la patrie, les socialistes furent peu à peu repris par leurs vieux démons. Ce qui désormais alimentait la division était d'un tout autre ordre que celui qui avait principalement concerné des questions de méthode. Les socialistes pouvaient-ils soutenir un effort de guerre qui envoyait à la mort des centaines de milliers d'hommes et endeuillait l'Europe entière ?

À cette nouvelle donne de la division s'ajouta bientôt une autre résultant de la révolution russe d'octobre 1917. Le retentissant Congrès de Tours, réuni en décembre 1920, solda les comptes de la Grande Guerre auxquels furent mêlées les nouvelles fractures nées de la naissance de l'État soviétique. Des divergences inédites effacèrent les anciennes. Une génération de socialistes plus jeunes, souvent passée par le fracas des combats, balayant les vieux clivages, s'éleva contre les plus anciens, jugés responsables d'une guerre barbare et accusés d'être hostiles au ralliement que l'on devait à la première nation socialiste. Les quinze années d'unité (1905-1920) laissèrent place à un face-à-face mortifère entre deux frères ennemis issus de même parti : socialistes et communistes. Irréconciliables ?

Socialistes et communistes irréconciliables ?

Entre ces deux-là, il n'y eut pourtant pas que de la haine, quoiqu'il y en eût parfois beaucoup au point que le caractère « irréconciliable » de la gauche française put sembler faire retour. Dans le panorama politique de l'entre-deux-guerres, on ne saurait négliger une autre gauche, modérée et hostile à toute révolution, ayant dominé une bonne partie de l'histoire de la République d'avant-guerre : le Parti radical et radical-socialiste fondé en 1901. C'est avec ce dernier que les socialistes, affaiblis par la scission de 1920, firent alliance dans un « Cartel des gauches » qui remporta les élections législatives de 1924. Les radicaux gouvernèrent sans les socialistes mais avec leur soutien, ces derniers toujours sous la menace de la dénonciation communiste pointant leur « trahison » dont, comme autrefois, au temps d'Alexandre Millerand, la participation à un gouvernement était la manifestation la plus évidente. On n'en finirait pas d'égrener le répertoire d'insultes et de procès d'intention dont les socialistes furent la cible durant les années 1920 et le début des années 1930. En 1931, de retour d'un voyage à Moscou, Louis Aragon (1897-1982) publia un poème, « Front rouge », dans lequel le poète communiste renonce à toute indulgence : « Feu sur Léon Blum, feu sur les ours savants de la social-démocratie. »

Depuis le Congrès de Tours, les socialistes, demeurés dans la « vieille maison », selon la terminologie de leur *leader* Léon Blum (1872-1950), n'avaient pas ménagé leur peine pour montrer ce que le communisme sous emprise soviétique trahissait (lui aussi) du message socialiste. L'un des textes les plus clairs à cet égard est celui que publia Blum en 1927 sous le titre *Bolchevisme et socialisme*. La « victoire prolétarienne », y dénonçait-il, avait été « souillée d'une tache d'horreur et de sang, aussi indélébile que celle de Lady Macbeth ». On peut faire plus nuancé dans le jugement politique visant des camarades de combat… Évoquant, non sans une certaine nostalgie, l'« amertume des amitiés rompues », Blum s'en prend au bolchevisme accusé d'avoir rompu avec « la souche socialiste […] comme certaines hérésies se sont détachées des religions pour former des religions nouvelles ». La trahison des traditions vénérables occupe décidément le cœur des chefs d'accusation que les oppositions internes à la gauche mobilisent le plus souvent. Jusqu'à nos jours. Blum détaille ce qui explique l'« incompatibilité sentimentale et morale » entre communistes et socialistes : conception d'un parti sans vie démocratique puisque soumis aux ordres d'une Internationale gouvernée depuis Moscou par la direction bolchevique mais également critique d'une violence politique qui n'entretient que la « surexcitation des haines ».

Le « Front populaire » de 1936

En dépit de ce fossé, dont on aurait pu sans mal penser qu'il fût devenu infranchissable, la séparation ne semblait pas définitive. Blum conservait l'espoir que l'« irréparable » pourrait un jour être dépassé. Ce sentiment n'était pas partagé par tous les socialistes et fut à l'origine de nouvelles divisions au sein de leur parti, les uns aspirant à une réunification qui *dépasserait* la scission de Tours, les autres restant convaincus que la famille avait été à jamais brisée et que la fracture était irrémédiable.

Bénéficiant notamment du retournement stratégique voulu par Staline, communistes, socialistes et même radicaux scellèrent en 1934 un pacte électoral sous la forme d'un « Rassemblement populaire ». On s'entendit sur un simple mot d'ordre : « Paix, pain, liberté ». S'y exprimait une réponse à la double crise socio-économique, née du krach d'octobre 1929, comme s'y faisait entendre le refus d'une guerre redoutée face à la montée en puissance des régimes « fascistes » dans plusieurs pays européens. Cette alliance aboutit à la victoire électorale de ce « Front populaire » lors des élections législatives de mai-juin 1936. Dirigé par Léon Blum, le gouvernement qui en résulta, composé de socialistes et de radicaux, s'engagea dans une audacieuse politique de réformes sociales avec l'appui des communistes, désireux cependant de se tenir hors des responsabilités gouvernementales dont ils mesuraient tous les risques politiques. Quelques mois suffirent pour que cette expérience gouvernementale se fracassât contre le mur de nouvelles divisions engendrées par la tiédeur inhérente à l'exercice du pouvoir respectueux des règles démocratiques. Le refus de Blum de soutenir le gouvernement républicain espagnol en butte aux avancées des factieux d'extrême droite emmenés par le général Franco accrut les tensions avec les communistes comme au sein du Parti socialiste.

Les tragédies de la Deuxième Guerre mondiale rapprochèrent les forces divisées de la gauche. Elles optèrent de concert, au sortir du conflit, pour mettre au-dessus de leurs querelles l'intérêt supérieur de la nation. Communistes, socialistes et même centristes gouvernèrent ensemble durant près de trois années avant qu'une nouvelle rupture, en mai 1947, ne les séparât pour longtemps. Au sein même du Parti socialiste, les guerres coloniales des années 1950 ouvrirent de nouveaux fronts de désaccords. Parvenus au pouvoir après les élections législatives de 1956, les socialistes ne furent pas les moins ardents à résister à la guerre d'indépendance algérienne. Guy Mollet (1906-1975), président du Conseil émanant de leur rang, se tailla une réputation « coloniale » qui en fit, pour toute une partie de la gauche, une nouvelle figure de « traître » renonçant aux idéaux socialistes. À la fin des années 1960, brisé par de nombreuses sécessions, dissidences et scissions suivies par la création de petites organisations nouvelles comme le Parti socialiste autonome (PSA) puis le Parti socialiste unifié (PSU), base de lancement de Michel Rocard (1930-2016), le Parti socialiste sortit essoré, plus encore défiguré, par la séquence mollétiste. En 1969, son candidat à la présidence de la République, Gaston Defferre (1910-1986), ne récolta que 5 % des voix, quand celui du Parti communiste, Jacques Duclos (1896-1975), parvint à franchir le seuil des 20 %. Depuis la fin de la Seconde Guerre mondiale, le Parti communiste n'avait cessé de dominer la scène de la vie politique à gauche.

Le « programme commun » de 1981

On ne peut contester un certain sens politique à François Mitterrand (1916-1996). Celui qui s'était longtemps tenu éloigné de l'appareil du Parti socialiste – quoiqu'il soit parvenu, joli tour de force, à être le candidat unique de la gauche lors des élections présidentielles de 1965 – défendit l'idée que seule la gauche unie, sous le *leadership* du Parti socialiste, serait en mesure de l'emporter dans le cadre imposé des institutions de la Cinquième République. Accédant à la direction d'un « nouveau » Parti socialiste refondé en 1969 et débarrassé de son sigle sur lequel pesait la *damnatio memoriæ* de la guerre d'Algérie, il entama une politique de rapprochement avec le Parti communiste. En 1972, Mitterrand parvint à ses fins en signant un accord de gouvernement avec un Parti communiste (puis un parti radical très anémié) encore soumis aux directives soviétiques. Le « programme commun » annonçait un train de mesures empreintes des teintes révolutionnaires léguées par Mai-68 et encore portées par la culture politique dominante à gauche en ce début des années 1970. Cette configuration inattendue en étonna plus d'un.

Cette unité se réalisa alors que le Parti socialiste, en convalescence après un quasi-état de mort cérébrale qu'avait révélé son piteux résultat des élections présidentielles de 1969, était encore électoralement devancé par un Parti communiste puissant et fier de ses « cinq millions d'électeurs ». Au terme d'un mariage de cinq années, le bilan apparut comme très favorable aux socialistes, notamment au vu des résultats obtenus lors des élections municipales de 1977 qui alarmèrent les dirigeants communistes. En 1974, le Parti socialiste s'était vu renforcé par l'arrivée de nouvelles sensibilités, souvent venues d'une gauche que l'on n'appelait pas encore « deuxième », issue des rangs de la CFDT et du PSU, moins encline à céder aux charmes de l'alliance « socialo-communiste » et forte de l'arrivée de militants parfois formés dans le giron de l'Action catholique. Incontestablement, l'Union de la gauche avait d'abord profité aux socialistes qui se trouvaient désormais en position dominante. Lorsqu'il fallut renouveler le pacte unitaire de 1972, les partenaires ne s'entendirent plus. C'est donc sous un régime de « désunion de la gauche » que François Mitterrand remporta les élections présidentielles de mai 1981, ayant dû faire face à la candidature communiste de Georges Marchais (1920-1997) qui, après un résultat médiocre (15 %) confirmant le déclin du Parti communiste français (PCF), se rallia, la mort dans l'âme, au pavillon du candidat socialiste.

Beau joueur et comprenant que le « peuple de gauche » conservait son attachement à l'Union de la gauche, Mitterrand intégra une poignée de quatre ministres communistes à son gouvernement. Cette alliance forcée ne reposait sur aucun programme et ne résultait que d'un pragmatisme électoral. À gauche, cette apparente unité dissimulait la domination écrasante du Parti socialiste au point que l'on commença à s'inquiéter de son destin, comparable, prophétisaient certains, à ce qu'il était advenu au Parti radical sous la Troisième République : un assoupissement politique avant une disparition sous l'effet du fait majoritaire. Ayant préféré quitter en 1984 un gouvernement dirigé par Laurent Fabius, successeur de Pierre Mauroy (1928-2013), les communistes se murèrent dans un accompagnement critique et souvent aphone de gouvernements socialistes insensibles à leurs réserves, divergences ou propositions. En 1988, la facile réélection de Mitterrand comme chef de l'État ne fit que renforcer l'hégémonie d'un Parti socialiste, unitaire pour deux et désormais prompt à s'ouvrir à des forces politiques centristes comme l'illustra le gouvernement de Rocard appelé à Matignon par Mitterrand. En 1989, la chute du mur de Berlin et la disparition consécutive de l'empire et du régime soviétiques semblaient définitivement donner raison aux socialistes qui avaient toujours défendu l'idée d'une autre voie pour le socialisme que celle empruntée par le régime soviétique et ses différentes déclinaisons mondiales. N'assistait-on pas à la vengeance de Léon Blum près de soixante-dix ans après le Congrès de Tours, les événements lui donnant enfin raison ? Peut-être. Il n'est pas certain cependant que l'agonie du socialisme réel ainsi que la révélation de son incurie et de ses crimes n'ont pas aussi affecté le socialisme français. L'URSS, même critiquée, faisait partie d'un patrimoine commun : après tout, elle se disait « socialiste » non sans quelque raison.

Dans les années 1990, l'effacement progressif et inéluctable du Parti communiste – en même temps que l'émergence d'une nouvelle force politique vite positionnée à gauche, le mouvement écologiste – changea profondément les données de l'unité à gauche. C'est ce qu'atteste la nouvelle forme prise par la relance d'une union à gauche qu'imposa la dissolution intempestive de l'Assemblée nationale par le président Jacques Chirac, en 1997. Socialistes, toujours en tête et en mesure de diriger toute alliance à gauche, communistes, de plus en plus affaiblis, et écologistes, à la peine pour trouver le bon mode d'organisation, bricolèrent une « gauche plurielle », terme que retint Lionel Jospin, vainqueur des élections législatives imprévues de mai-juin 1997, nommé Premier ministre par le président de la République. Pour la première fois depuis 1984, les communistes se retrouvèrent dans un gouvernement aux côtés de socialistes et d'écologistes, conscients de leur faiblesse (10 % contre 24 % des voix au Parti socialiste lors du scrutin législatif de 1997).

La déroute de 2002

Au terme de cinq années de gouvernement à direction socialiste, l'exercice du pouvoir fit surgir de nouvelles fractures qui affectèrent moins la vieille alliance socialo-communiste, dont le modèle renvoyait au siècle qui se fermait, que le parti socialiste lui-même et les différentes sensibilités qui s'y exprimaient comme celles aussi qui s'étaient ralliées à la gauche plurielle alors qu'elles avaient pris leur indépendance depuis le début des années 1990. Le cas de l'ancien socialiste Jean-Pierre Chevènement, dirigeant d'une petite formation, le Mouvement des citoyens, l'illustre. Les relations avec le parti écologiste ne furent pas non plus sans accroc, ce dernier en butte à un rapport de force qui ne lui était pas favorable. En 2002, Lionel Jospin, alors candidat à l'élection présidentielle, paya le prix de ces nouvelles divisions, malgré un bilan gouvernemental que chacun s'accordait à reconnaître comme honorable : le 21 avril, jour du premier tour, il fut devancé par le candidat d'extrême droite, Jean-Marie Le Pen.

La gauche s'installa dès lors dans un état de désunion chronique et tous azimuts. Les transformations profondes qui affectaient la société française imposaient des mises à jour difficiles à conduire. Les enjeux environnements ou « sociétaux » s'agrégèrent à l'agenda politique traditionnel de la gauche qui reposait d'abord sur une analyse de la société en termes de classes sociales et sur une critique radicale du capitalisme. Dans les années 1980, s'était aussi fait jour un attachement viscéral à la République et à ses valeurs universalistes qui semblaient menacées. Or, aux débuts des années 2000, une nouvelle gauche s'en prenait de plus en plus à celles et ceux qui avaient échappé aux attentions de l'universalisme républicain. Nouveaux départs et nouvelles scissions, nouveaux ralliements et nouvelles organisations (comme celles créées par l'ancien socialiste Jean-Luc Mélenchon à partir de 2008) rendirent de plus en plus difficile une nouvelle union de la gauche.

De la division à la fragmentation

En 2012, François Hollande remporta les élections présidentielles dans un brouillard politique qui lui rendit immédiatement la tâche délicate. La gauche avait perdu son socle commun que lui avait longtemps procuré son histoire sous la forme d'un *vade-mecum* théorique composé d'un « marxisme français » fait de références multiples non seulement à Karl Marx (1818-1883) mais aussi à la dense histoire française des révolutions et à de nombreuses innovations théoriques qui avaient irrigué son histoire doctrinale. La disparition d'une telle base continue aujourd'hui de freiner tout effort unitaire comme en témoignent les si friables unions des deux dernières années : Nouvelle Union populaire écologique et sociale (Nupes) en 2022, dont l'acte de décès fut plusieurs fois annoncé au bout de quelques mois d'existence ; Nouveau Front populaire (NFP) en 2024 déjà profondément disloqué par de profonds désaccords. Rapidement conclues, superficiellement pensées, ces nouvelles alliances reposent sur un catalogue de mesures diversement acceptées par chacun des signataires dépourvus de tout horizon d'attente partagé. La gauche française est passée de l'état de division chronique, auquel elle remédia régulièrement mais toujours provisoirement, à un état de fragmentation qu'il lui sera très difficile de conjurer.

On ne saurait comprendre l'histoire de ces divisions successives, compensées par de constantes poussées vers l'unité, sans prendre en considération la base sociologique – le « peuple de gauche » – sur laquelle se sont appuyés socialistes, communistes et, plus récemment, écologistes ou « insoumis ». Longtemps commune, faite du destin collectif de la « classe ouvrière » voire des catégories sociales les plus démunies alliées aux « intellectuels », la sociologie de l'électorat de la gauche française n'est aujourd'hui plus aussi claire. Avec la désindustrialisation et la « modernisation » de sociétés de plus en plus complexes, les destins individuels l'emportent sur les odyssées collectives. La question migratoire comme les souffrances engendrées par des nouvelles formes de domination rendent moins homogènes le monde social auquel la gauche s'adresse en priorité. Le vocabulaire qu'elle emploie désormais traduit assez bien l'effacement du lexique de la gauche : « exploitation », un vocable qu'elle utilisa beaucoup pour dénoncer les maux du capitalisme, disparaît au profit du plus labile et incertain « domination ». La diversité des interprétations à laquelle donne lieu la configuration sociale du nouveau siècle, échappant au modèle classiste traditionnel né dans les sociétés industrielles du XIXe siècle, et les réponses politiques sur lesquelles elle peut déboucher expliquent beaucoup la fragmentation actuelle d'une gauche française en mal de repères. Comment articuler entre elles des aspirations et des émancipations contradictoires ? Comment penser les nouvelles questions écologiques sans renoncer à la « lutte des classes » ? Comment unir en un seul combat tant de « victimes » qui ont cessé d'être des « héros » ?

Faut-il aller au-delà du récit épique de ces déchirements successifs en ne les considérant que comme moins sérieux qu'il n'y paraît au regard d'aspirations unitaires émanant du « peuple de gauche » ? Nul ne serait en mesure de répondre à cette question pour les périodes les plus reculées. À quoi et à qui pensaient les électeurs qui plaçaient leur bulletin dans l'urne républicaine ? Pour les plus récentes élections, on peut raisonnablement supposer qu'une partie importante de l'électorat de gauche en appelle au contournement des appareils partisans au profit d'un élan unitaire auxquels ces derniers résisteraient. Dans les années 1977-1978, la rupture de l'Union de la gauche avait poussé militants et intellectuels, socialistes et communistes, à réclamer un retour à l'unité par le biais d'une pétition « L'union dans les luttes ». En 2022, c'est de nouveau en provenance de ce que l'on désigne comme la « société civile », par opposition à la « société politique » formée par les organisations partisanes, que vint une tentative inaboutie de désignation d'un candidat unique de la gauche pour les élections présidentielles. En vain. L'initiative connut ses prolongements, avec plus de succès, dans la mise sur pied d'un « Nouveau Front populaire » porté par un sentiment unitaire que ne partagent toujours pas tous les partis politiques. Il n'est pas certain qu'en dépit des efforts déployés, cette démarche débouche sur les résultats escomptés. À l'heure où ces lignes sont écrites, on ne peut dissimuler une certaine perplexité. La gauche française qui reste, en Europe, l'une des plus faibles, est loin d'en avoir fini avec ses divisions.

Christophe PROCHASSON

Économie sociale et solidaire

UNE « AUTRE » ÉCONOMIE ?

Elena LASIDA

L'économie sociale et solidaire (ESS), encadrée depuis dix ans par la loi, associe une double tradition qui met l'accent soit sur la gouvernance collective, soit sur la finalité sociale. Or, dans les deux cas, elle prône une valeur économique « relationnelle », à créer autant à l'intérieur des organisations que dans la société. L'ESS n'est pas seulement une autre manière d'entreprendre. Elle est un mouvement en faveur d'un autre projet de société, celui d'une véritable « maison commune ».

En juillet 2024, la première loi-cadre sur l'économie sociale et solidaire (ESS) en France a eu dix ans d'existence. Votée le 31 juillet 2014, à la suite d'un processus d'élaboration collective ayant réuni les différents acteurs de l'ESS, et visant à donner une définition officielle du secteur et à préciser les critères qui permettent d'y appartenir, elle fait l'objet d'un travail de révision face aux évolutions constatées tout au long de ces dix dernières années. Cet anniversaire constitue une bonne occasion pour faire le point sur l'ESS, ses fondements, sa vision et ses acteurs, mais aussi les paradoxes qui la traversent. Associée à une forme d'économie « alternative » par rapport à celle du système dominant, elle est souvent interrogée sur sa capacité à transformer ledit système et sur le risque permanent de récupération dont elle fait l'objet. Elle est marquée par trois paradoxes : d'une part, elle est de plus en plus reconnue et, d'autre part, de plus en plus banalisée, voire récupérée ; d'une part, elle est associée à un mode d'entreprendre et, d'autre part, à un modèle de société ; d'une part, elle est considérée comme une économie à impact positif et, d'autre part, comme une nouvelle manière de concevoir l'économie. Chacun de ces trois paradoxes met en évidence des limites et des défis auxquels l'ESS est confrontée, mais ils permettent également de mieux saisir la potentialité dont elle est porteuse.

Qu'est-ce que l'économie sociale et solidaire ?

L'arbre généalogique de l'ESS affiche deux grandes familles, d'origines très différentes, qui se retrouvent aujourd'hui réunies autour d'un destin commun. Chacune d'elles peut être associée à chacun des termes de l'expression « ESS » : « économie sociale », d'un côté, et « économie solidaire », de l'autre. Malgré la décision de faire chemin ensemble, leurs différences sont toujours présentes. Certains y voient un signe d'incohérence et d'instabilité, une marque de fragilité structurelle. Or c'est justement cette fragilité qui empêche l'ESS de croire qu'elle détient la clé d'un autre modèle économique, un modèle qu'il suffirait de mettre en application. Cette diversité d'origine et de constitution lui garantit la capacité d'être en mouvement permanent, toujours à s'interroger sur elle-même, toujours vigilante face aux contradictions et aux effets pervers qu'elle peut produire, et toujours en création, mue avant tout par une créativité débordante.

La famille la plus ancienne, qui se reconnaît surtout dans le nom d'« économie sociale », trouve ses origines chez des penseurs du XIXe siècle, appartenant au socialisme utopique, tels que Claude-Henri de Saint-Simon (1760-1825), Charles Fourier (1772-1837) et Pierre-Joseph Proudhon (1809-1865)... À cette source, on peut ajouter aussi le christianisme social, avec notamment la première encyclique consacrée aux questions sociales, signée par Léon XIII en 1891 : *Rerum Novarum* et le courant solidariste avec la branche coopératiste (Charles Gide [1847-1932]) et la branche républicaine (Léon Bourgeois [1851-1925]). Ces différents mouvements de pensée cherchent avant tout à réduire la fracture économique entre les classes ouvrières et les classes propriétaires de capital et imaginent des manières différentes d'organiser l'activité économique permettant une distribution plus juste et équitable de la richesse créée. Leurs idées et les initiatives qui cherchent à les concrétiser ont donné naissance à trois modalités d'entreprise, associées aujourd'hui à des statuts juridiques particuliers, et qui constituent les acteurs historiques de l'ESS : les coopératives, les mutuelles et les associations. Toutes les trois s'identifient par le principe de « lucrativité limitée », c'est-à-dire que la rentabilité ne constitue pas la finalité première de l'entreprise, mais qu'elle est considérée comme un moyen au service du projet porté ensemble.

> **« L'économie sociale privilégie l'intérêt mutuel ou social par rapport à l'intérêt individuel »**

Les trois modalités sont également associées à des formes de gouvernance démocratique qui cherchent à garantir la participation de tous les membres à la prise de décision, indépendamment du capital apporté. Toutes les trois mettent en place aussi une forme particulière de mutualisation : soit des moyens de production, soit des risques, soit de l'utilisation des ressources. Ainsi, la démarche collective caractérise ces différentes formes d'organisation économique, aussi bien au niveau de la propriété que de la gouvernance. Le commun visé à travers ces trois modalités concerne les membres de l'organisation plutôt que ceux de la société dans son ensemble. L'inégalité que l'économie sociale cherche à réduire est surtout celle qui existe entre les personnes qui sont regroupées autour d'un même projet ou d'un intérêt commun, mais avec des ressources différentes, comme c'est le cas entre les propriétaires de capital (les actionnaires) et les propriétaires de la force de travail (les salariés) au sein d'une même entreprise.

Or l'économie sociale va évoluer également avec le développement de l'État social, qui va prendre progressivement en charge les besoins sociaux fondamentaux de la population et déléguer au secteur une partie de son action. C'est ainsi qu'on retrouve les associations gestionnaires de l'action sociale et médico-sociale et les mutuelles de santé parmi ses membres[1]. Or, même si ces organisations répondent plus à des besoins sociétaux qu'à l'intérêt particulier de leurs membres, elles se caractérisent par la gestion collective qui découle de leur forme associative et mutuelle, et qui les différencie des entreprises commerciales travaillant dans le domaine de la santé et de l'assurance. L'économie sociale s'est ainsi formée à travers l'histoire, prenant place entre le secteur public et le secteur privé, donnant toujours la primauté aux personnes et aux objectifs sociaux sur le capital, privilégiant l'in-

1. L'histoire de l'économie sociale et de son lien avec l'État a été étudiée par plusieurs auteurs, comme Jean-François Draperi et Henri Desroche. Une présentation synthétique qui montre également son évolution jusqu'à son intégration dans l'ESS est effectuée par Timothée Duverger, dans *L'économie sociale et solidaire*, La Découverte, « Repères », n° 796, 2023.

térêt mutuel ou social par rapport à l'intérêt individuel, et préconisant une gouvernance et une gestion collectives.

La deuxième famille qui fait partie de l'ESS a une origine plus récente et une composition plus disparate. Elle peut être associée au deuxième terme de l'expression, à savoir celui d'« économie solidaire ». Parmi ses membres on distingue les acteurs qui se reconnaissent aujourd'hui sous l'appellation d'« entrepreneuriat social ». Cette seconde famille de l'ESS est, comme la première, à la recherche d'un modèle économique plus juste et équitable. Or elle va surtout interroger la finalité du modèle plutôt que son organisation et son modèle de gouvernance. Et c'est en ce sens qu'on parle d'entrepreneuriat social, comme un mode d'entreprendre pensé au service de l'utilité sociale plutôt que de l'enrichissement privé. La notion d'économie solidaire apparaît au début dans le cadre des mouvements altermondialistes des années 1970. Elle est donc associée à des initiatives qui cherchent à répondre non seulement à la fracture sociale et économique entre actionnaires et ouvriers, mais aussi à toute forme d'inégalités dans nos sociétés : fracture intergénérationnelle, fracture numérique, fracture entre le Nord et le Sud, fracture entre ville et campagne... C'est la finalité de l'activité économique plutôt que la manière de l'organiser qui l'identifie, et le principe de réciprocité qui l'oriente. L'économie solidaire est ainsi liée, à l'origine, à la contestation du modèle dominant et à la lutte contre toute sorte d'inégalités. Elle porte le projet d'un nouveau contrat social[2] inverse de la vision qui réduit l'économie à la lucrativité et la solidarité à la redistribution. Or, dans les années 2000, l'entrepreneuriat social vient s'inscrire dans le mouvement, avec une approche différente. S'il cherche aussi à mettre l'économie au service de l'intérêt général, il le fait à l'intérieur même du modèle économique dominant, à travers des entreprises qui ont une finalité d'utilité sociale, mais dont le modèle économique, notamment en termes de propriété, de gouvernance et de relation avec les autres acteurs sociaux, correspond au modèle des entreprises commerciales classiques. Cette deuxième famille de l'ESS est ainsi composée à la fois de membres qui souhaitent transformer le modèle économique dominant et de membres qui cherchent à répondre aux besoins

> **« L'économie solidaire porte le projet d'un nouveau contrat social »**

2. Voir notamment Bernard Eme et Jean-Louis Laville (dir.), *Cohésion sociale et emploi*, Desclée de Brouwer, 1994.

sociaux à l'intérieur même du modèle. Ce paradoxe marque l'identité de l'ESS et traverse sa constitution, nous y reviendrons plus tard. Mais, malgré la différence entre ces deux types d'acteurs, ils appartiennent ensemble à cette seconde famille de l'ESS, qui donne priorité à la finalité d'utilité sociale sur la gestion collective de l'entreprise. Pour les uns, il s'agira de mettre l'économie au service des besoins sociaux, tandis que, pour les autres, il s'agira plutôt de faire de l'économie un lieu de transformation sociale.

La loi-cadre de l'ESS de 2014[3] va rassembler les deux familles originaires de l'ESS autour d'une définition commune du secteur, qui confirme l'appartenance des trois statuts historiques – coopératives, mutuelles et associations – et postule la finalité d'utilité sociale comme principe majeur d'identification du secteur, indépendamment du statut. La loi reconnaît ainsi officiellement le rattachement à l'ESS des entreprises commerciales ayant une finalité d'utilité sociale. Et même si cette reconnaissance est associée également à des conditions en termes de gestion (bénéfices majoritairement réinvestis dans l'activité et mise en réserve obligatoire, impartageable et non distribuable), c'est la finalité sociale plus que la gouvernance collective qui apparaît comme déterminante. Cette dimension est confirmée également par l'ajout des fondations aux trois statuts historiques de l'économie sociale – les coopératives, les mutuelles et les associations. Si elles partagent avec les membres historiques la priorité donnée à la finalité sociale, les fondations ne sont pas des sociétés de personnes et ne sont pas soumises à des règles de gouvernance démocratique. L'utilité sociale, qui apparaît comme critère décisif du secteur, est définie par la loi de 2014 et précisée par la loi Pacte de 2019. Sa définition englobe trois grands domaines : la fragilité des personnes, la justice sociale et le développement durable. De ce fait, l'utilité sociale est rattachée à des activités au service des publics fragiles (sans travail, sans logement, sans nourriture, sans accès à la santé ou à l'éducation, etc.), au service de la justice sociale (lutte contre les inégalités, cohésion et solidarité territoriale et internationale, participation citoyenne, etc.) et au service de la transition écologique. Et afin de formaliser la reconnaissance d'appartenance à l'ESS, la loi crée l'agrément « Entreprise solidaire

3. L'élaboration de la loi-cadre de l'ESS fut pilotée par Benoît Hamon, qui était à l'époque ministre délégué de l'ESS (seule fois où il y a eu un ministère consacré à l'ESS) et qui est récemment devenu président d'ESS France, qui opère comme la chambre française de l'ESS, fédérant les différents acteurs du secteur.

d'utilité sociale » (ESUS), dont les principaux critères d'attribution résident dans la finalité (d'utilité sociale) et dans la gestion (entreprises non cotées en Bourse et écart salarial maximum d'un à sept). L'agrément permet d'accéder à la finance solidaire et à des avantages fiscaux.

Aujourd'hui, l'ESS existe à travers une multiplicité de pratiques, présentes dans tous les domaines de l'activité économique et faisant preuve d'une créativité incessante : commerce équitable, microcrédit, entreprises d'insertion, régies de quartier, AMAP (association pour le maintien de l'agriculture paysanne), accorderies, monnaies locales complémentaires... en sont quelques exemples. Au niveau de la production, du commerce ou de la finance, l'ESS a été et continue à être un moteur d'innovation sociale, autant dans la manière d'organiser et de gérer l'activité économique que dans la manière de faire société.

> **« *Ce sont les relations tissées qui donnent de la qualité au commun créé* »**

En conclusion, deux critères identifient l'ESS, parfois ensemble, parfois séparément : d'une part, la gestion collective et la gouvernance partagée, d'autre part, la finalité d'utilité sociale de l'activité. À ces deux dimensions, on peut ajouter une troisième, qui est un dénominateur commun. En effet, malgré ses origines multiples, sa diversité de pratiques, sa disparité de modèles, son éclectisme apparent, la richesse relationnelle rassemble les acteurs de l'ESS. La construction de « commun » est centrale pour l'ESS, autant en interne, par rapport à la communauté qui porte ensemble le projet, qu'à l'extérieur, par rapport au territoire dans lequel le projet est inscrit. Et ce sont les relations tissées, entre toutes les parties prenantes du projet et avec les autres acteurs sociaux, qui donnent de la qualité au commun créé. La valeur générée réside ainsi dans les relations que l'activité rend possibles plutôt que dans la rentabilité financière réalisée. Celle-ci n'est qu'un moyen au service des relations, aussi bien par rapport à soi-même (estime de soi, confiance, autonomie), qu'envers les autres (reconnaissance, interdépendance, insertion) et que dans le rapport au vivant non humain (respect des relations écosystémiques). De ce fait, l'ESS modifie la conception de la valeur économique. En économie, la valeur est directement associée aux biens et services produits et échangés sur le marché et à leur expression monétaire. L'ESS la lie plutôt aux relations créées à travers ces activités de production et d'échange. La valeur économique se déplace ainsi de l'objet à la relation. En ce sens, l'ESS rejoint des approches contemporaines sur la valeur économique[4]. Cette conception relationnelle de la valeur fait de la dimension sociale et environnementale un élément constitutif de l'activité économique.

De ce fait, la contribution de l'ESS ne se situe pas uniquement au niveau des pratiques économiques plus équitables qui rendent possible une certaine redistribution de la richesse et permettent la satisfaction des besoins des populations plus précaires, mais elle réside surtout dans le fait de concevoir l'économie comme un « médiateur social », une manière de « faire société » avec tous les vivants – humains et non humains – plutôt qu'un moyen de produire des biens et services et de satisfaire des besoins. Nous reviendrons sur cet aspect à la fin de l'article.

La composition hétéroclite de l'ESS constitue à la fois sa limite et sa force. D'une part, la diversité qui la caractérise empêche d'en avoir une vision unique et uniforme. D'autre part, cette même diversité la garde toujours en tension et en mouvement, l'empêchant de s'installer dans une modalité unique de faire et de penser. Elle est ainsi traversée par de multiples débats qui la maintiennent vivante. Nous en avons choisi trois, pour illustrer ce dynamisme permanent.

L'ESS reconnue ou récupérée ?

L'ESS reçoit une reconnaissance croissante autant en France qu'aux niveaux européen et international. En France, elle a connu un processus d'institutionnalisation progressive qui a débouché sur la loi-cadre de 2014. D'autres lois sont venues par la suite compléter, confirmer et amplifier son importance comme la loi Pacte de 2019 qui élargit l'obligation d'offre de produits de la finance solidaire aux contrats d'assurance-vie, ou la loi Egalim de 2018, complétée par la loi « Climat et résilience » de 2021 qui entérine l'intégration des produits issus du commerce équitable dans la restauration collective. Au niveau européen, l'institutionnalisation a également été croissante jusqu'à l'adoption en 2022, par la Commission européenne, d'un plan d'action en faveur de l'ESS et la préparation d'une recommandation aux États membres pour les inciter à mettre en place des politiques

4. Voir notamment André Orlean, *L'empire de la valeur, Refonder l'économie*, Seuil, « La couleur des idées », 2011.

publiques qui favorisent son développement. Sur le plan international, on recense une vingtaine de pays ayant promulgué une loi sur l'ESS. L'Organisation internationale du travail (OIT) est la première agence à avoir mentionné l'économie sociale dans une déclaration de 2008, et l'ONU vient de reconnaître l'ESS dans une résolution de son assemblée générale (avril 2023).

Or cette reconnaissance croissante de l'ESS s'accompagne d'un autre mouvement qui conduit pourtant à la banaliser. Plusieurs recherches récentes indiquent un risque d'isomorphisme qui conduirait à l'effacement des spécificités de l'ESS, sous la pression du marché et de l'action publique. Deux tendances sont à différencier dans ce mouvement de banalisation, l'un à l'intérieur de l'ESS et l'autre au niveau de l'économie classique. Du côté de l'ESS, on perçoit une logique managériale de plus en plus présente, notamment dans le monde associatif, qui s'explique en grande partie par la délégation croissante des missions de service public aux associations. Cette délégation s'inscrit dans le cadre d'une grande transformation de l'action publique dans les années 1990, qui visait à la débureaucratiser et la démocratiser à partir de la participation des citoyens. Il en résulte une transformation importante dans le système de financement des associations (privatisation de leurs services, augmentation du financement des collectivités locales et diminution des subventions de l'État) et également un processus de professionnalisation de leurs services. Les associations rentrent ainsi progressivement dans une logique marchande qui soumet leurs activités à l'obtention des résultats prédéfinis. Quant aux mutuelles, l'évolution de la réglementation les rapproche progressivement aussi du secteur marchand des assurances. Ce tournant gestionnaire dans les acteurs historiques de l'ESS est renforcé par l'apparition de l'entrepreneuriat social dans les années 2000, qui inscrit également l'objectif d'utilité sociale dans une logique d'efficacité marchande.

« Un risque d'isomorphisme conduirait à l'effacement des spécificités de l'économie sociale et solidaire »

Ce risque de banalisation, dû à une évolution à l'intérieur de l'ESS, est accentué également par des évolutions dans l'économie classique. D'une part, le développement des politiques de RSE (responsabilité sociale des entreprises) dans les entreprises commerciales et l'apparition de labels comme B Corp ont conduit les entreprises commerciales à une responsabilisation grandissante des impacts de leur activité aux niveaux social et environnemental. Dans le même sens, on peut évoquer la réforme de l'entreprise à travers la loi Pacte de 2019 et la création des « sociétés à mission », donnant la possibilité aux entreprises à but lucratif de définir statutairement une « raison d'être » associée à des objectifs sociaux et environnementaux et d'ajuster le mode de fonctionnement pour les atteindre. On peut citer également l'apparition de modèles économiques nouveaux, comme celui de l'économie circulaire qui, à partir d'un souci avant tout environnemental, va favoriser la collaboration entre des entreprises concurrentes. Ce ne sont que quelques illustrations d'un mouvement général de l'économie classique d'intégration d'objectifs relevant du bien commun et non seulement de l'intérêt individuel, et se rapprochant en ce sens des principes de l'ESS.

Ce double mouvement, de « managérialisation » de l'ESS et de « sociétalisation » de l'économie classique, brouille la frontière entre les deux et produit chez les acteurs de l'ESS un sentiment de banalisation et de récupération de ses fondamentaux. L'ESS y répond notamment à travers un nouveau texte de référence, publié le 10 décembre 2021 et intitulé : « Pour une République sociale et solidaire : nos raisons d'agir ». Cette déclaration proposée par le président de l'époque d'ESS France, Jérôme Saddier, et adoptée à l'unanimité, peut être interprétée comme une réaction aux sociétés à mission. Elle insiste sur la « raison d'agir » de l'ESS plutôt que sur sa « raison d'être » et met en avant la dimension politique du projet soutenu par l'ESS : « Nous portons un projet de société ancré dans la promesse républicaine et le contrat social passé entre citoyens. » L'ESS n'apparaît pas érigée en « contre-société » mais comme un acteur au service d'une prospérité inclusive et soutenable, et capable de nouer des alliances avec d'autres acteurs pour la réaliser. Cette réaffirmation du projet politique qui sous-tend l'ESS conduit à un deuxième paradoxe.

Un mode d'entreprendre ou un modèle sociétal ?

La loi-cadre de 2014 définit l'ESS comme « un mode d'entreprendre et de développement économique ». Elle comprend donc à la fois un projet d'entreprise et un projet de société. L'accent sur le premier a fait perdre de vue le second et la transformation socio-économique a occulté la transformation sociopolitique sous-jacente. La visée inclusive de l'ESS a été réduite à une dimension de réparation qui permet de pallier les défaillances du marché et proposer une autre voie aux personnes qui en sont exclues. Or l'ESS porte dans ses germes un projet émancipateur pour la société tout entière. La notion de « république sociale et solidaire » mise en avant dans la déclaration citée vise justement à le rappeler.

Le projet politique de l'ESS ne se réduit pas à la finalité sociale de ses organisations. Le processus d'institutionnalisation de l'ESS a centré l'attention sur le modèle d'entreprise plus que sur le modèle de société qu'elle propose. Les initiatives citoyennes et les mouvements sociaux présents à l'intérieur de l'ESS ont été oubliés au bénéfice de la promotion d'une entreprise sociale responsable et d'un investissement à impact positif. Pourtant, ce qui identifie l'ESS est avant tout la manière de faire société plus que le seul mode d'entreprendre. Cette dimension politique de l'ESS est présente dans les dynamiques de réciprocité des mouvements citoyens qui se créent autour des pratiques de l'ESS, notamment à l'échelle des territoires. En témoignent, par exemple, les projets créés autour des pôles territoriaux de coopération économique (PTCE), renforcés dans la loi de 2014 et relancés par le secrétariat d'État à l'ESS en 2021 ; mais également les expérimentations réalisées autour du projet Territoire zéro chômeur de longue durée (TZCLD) qui conçoivent le chômage non comme le problème des personnes concernées mais plutôt comme celui de la société, qui demande dès lors des réponses en termes de logiques collectives plutôt que seulement d'accompagnement individuel.

Le projet politique de l'ESS se rend visible à différents niveaux. Il peut viser les instances de la démocratie représentative et, dans ce cas, l'ESS s'organise comme groupe de pression auprès des élus et des pouvoirs publics. Mais il prend forme aussi à l'intérieur même des organisations de l'ESS, à travers leurs modèles de gouvernance et leur capacité à créer des espaces publics de proximité organisés autour de la délibération citoyenne. Le projet politique de l'ESS se traduit aussi dans la manière de concevoir et de soutenir la transition écologique à travers des initiatives citoyennes, comme les coopératives d'énergie renouvelable ou les dynamiques des tiers-lieux et des communautés des *makers* (*repair-café*, *fab-lab*, ressourcerie, etc.). Le projet politique de l'ESS s'interroge aussi sur l'avenir désirable et sur la manière d'imaginer de nouveaux possibles. L'ESS n'est pas seulement un autre modèle d'entreprise, elle veut contribuer à transformer la manière de faire société. Il en découle un troisième paradoxe.

Une économie à impact ou une autre économie ?

C'est la conception de l'économie qui permet finalement de différencier l'ESS des démarches promues par l'entreprise responsable et l'investissement « à impact ». Il ne s'agit pas d'opposer ces deux mouvements : ils visent tous deux à mettre l'économie au service du bien commun et, en ce sens, tous les deux sont nécessaires. Mais ils ne le font pas de la même manière malgré les convergences identifiées et l'isomorphisme constaté. On trouve, d'une part, une approche centrée sur la prise en compte de l'« impact » de l'activité économique sur le social et l'environnemental. Le programme « *French Impact* », porté par le gouvernement pour soutenir les projets à fort impact social et environnemental qui viennent des territoires, ou les « contrats à impact social », ambitionnant une forme nouvelle de partenariat entre public et privé en faveur des projets sociaux et environnementaux innovants, illustrent bien cette approche. Elle correspond à une conception de la dimension sociale et environnementale comme des « externalités » de l'action économique, c'est-à-dire des effets secondaires. De ce fait, les indicateurs utilisés pour mesurer cet impact ne sont pas intégrés à ceux qui mesurent la rentabilité financière de l'activité : on sépare le bilan financier de l'évaluation d'impact.

> **« Penser l'économie comme un médiateur social »**

Une autre approche est pourtant possible pour articuler économique, social et environnemental, une approche qui semble plus en cohérence avec les fondamentaux de l'ESS. Il s'agit de penser la création de valeur économique non seulement en termes de biens et services produits mais en termes de relations tissées et de commun bâti. L'économie retrouve ainsi sa dimension sociétale et sa vocation relationnelle. C'est en ce sens que la notion d'« utilité sociale » peut apparaître comme plus appropriée que celle d'« impact social » pour identifier et mesurer la manière dont l'économie contribue à faire société[5].

5. Voir notamment le travail du Groupe de recherche-action sur l'évaluation de l'utilité sociale (sur *www.greus-lab.fr*).

Cette approche rejoint autant des théories fondatrices de la pensée économique, comme celle de Karl Polanyi (1886-1964) sur l'encastrement entre économique et social, que les recherches contemporaines sur les nouveaux indicateurs de richesse. Elle permet de mettre en évidence le projet émancipateur de l'ESS : celui de penser l'économie non comme un moyen de satisfaire des besoins mais plutôt comme un médiateur social, c'est-à-dire comme une manière de faire société.

Dans un monde en pleine mutation, conscient des impasses auxquelles a conduit un modèle de développement pensé uniquement en termes de croissance économique et de maximisation de rentabilité financière, l'ESS offre une autre voie. Celle-ci ne réside pas dans un modèle prédéfini à mettre à la place du paradigme dominant. L'autre voie que propose l'ESS mène à la mise en mouvement vers une société où l'économie n'aurait pas seulement un impact positif sur le social et l'environnement mais deviendrait une manière de construire la « maison commune » : une maison où chaque être vivant trouverait sa place et serait reconnu par sa capacité de contribution au projet commun et non seulement par son droit à satisfaire ses besoins. L'autre voie que trace l'ESS s'inscrit ainsi dans une approche de « justice contributive » plutôt que de « justice distributive[6] ». C'est en ce sens que l'ESS est porteuse d'un projet politique qui considère l'économie comme une manière de créer du commun, un commun qui prend la forme d'une « république sociale et solidaire ». Or cette république reste à construire et c'est en alliance avec tous les acteurs de la société, y compris ceux qui pensent « impact social » plutôt qu'« utilité sociale », qu'elle pourra émerger et prendre forme.

Elena LASIDA

6. Voir Elena Lasida, « Justice distributive et justice contributive », *Transversalités*, n° 111, juillet-septembre 2009, pp. 77-89.

L'ARTISANAT : HÉRITAGE MENACÉ OU AVENIR DU TRAVAIL ?

Cédric PERRIN

Les artisans et l'artisanat suscitent une nouvelle attractivité. Ces dernières années ont vu fleurir dans la presse des reportages sur d'anciens cadres ou ingénieurs qui ont fait le choix d'abandonner un emploi souvent bien rémunéré dans une grande entreprise pour se reconvertir dans l'artisanat, les uns comme boulangers ou pâtissiers, les autres comme ébénistes ou céramistes, parmi d'autres exemples. L'artisanat apparaît alors comme un horizon souhaitable du travail.

Le regain d'intérêt pour l'artisanat dans les médias et l'opinion tarde à se traduire en intérêt politique. L'artisanat doit composer, par exemple, avec des rattachements ministériels mouvants qui n'en font pas un « sujet ». Au début de cette année, il a fait partie de ces secteurs qui se sont retrouvés pendant de longues semaines sans ministre ou secrétaire d'État après la formation du gouvernement de Gabriel Attal, alors que dans le même temps les agriculteurs, pourtant beaucoup moins nombreux que les artisans désormais, faisaient l'objet de toutes les attentions de ce dernier en menaçant de bloquer Paris. Surtout, cet intérêt tranche singulièrement avec l'opinion qui a longtemps dominé et qui ne voyait dans l'artisanat qu'un héritage archaïque, dépassé par l'industrialisation et sur le déclin. Pour quelques-uns, toutefois, cet héritage, attaché au monde idéalisé des corporations médiévales, constitua un idéal vers lequel se retourner pour lutter contre les méfaits d'une économie industrielle libérale qui faisait le lit de la lutte des classes et d'un communisme honni. Le triomphe, provisoire, de ces réactionnaires dans le régime de Vichy ne fit qu'alimenter ensuite l'accusation d'archaïsme contre l'artisanat.

Dès lors, comment démêler la pelote de ces opinions confuses et contradictoires ? Comment considérer l'artisanat ? Quelle place pour les artisans dans l'économie contemporaine ? Quelle peut être la place de l'artisanat face à des organisations du travail dominantes mais contestées ? Je propose ici quelques pistes de réflexion pour analyser les transformations récentes de l'artisanat à partir de mon point d'observation, c'est-à-dire en historien, et principalement à partir du cas français.

Artisan, artisanat : de quoi s'agit-il ?

L'aphorisme d'Albert Camus, au détour d'un commentaire sur la pensée du philosophe Brice Parain, est connu : « Mal nommer un objet, c'est ajouter au malheur de ce monde. » De fait, l'ambivalence et la confusion proviennent, au moins pour partie, d'un usage polymorphe et variable des mots « artisan » et « artisanat » qui appelle à repasser par l'étymologie et par une évolution du signifiant qui reflète celle du signifié.

L'artisan apparaît dans le vocabulaire français à la fin du Moyen Âge à partir de l'italien *artigiano.* Il désigne littéralement l'homme de l'art, l'*arte* en italien (depuis la racine latine *ars*), c'est-à-dire l'homme de métier, l'habile travailleur qui maîtrise les techniques de son métier[1]. C'est toujours ce sens qui lui est donné dans les dictionnaires du début du XIXe siècle. L'artisan reste proche de l'ouvrier. L'industrialisation l'en éloigne ensuite et le fait évoluer vers le sens plus précis qu'il revêt depuis. Alors que l'industrie fait progressivement de l'ouvrier un salarié, l'artisan devient celui qui travaille pour son propre compte, un travailleur indépendant. Les artisans occupent alors une position socioprofessionnelle intermédiaire entre les ouvriers et les patrons. Ils font partie des classes moyennes indépendantes, au côté

1. Guillaume Carnino, Valérie Nègre, Gaspard Pagès, Cédric Perrin et François Rivière, « L'artisanat, histoire et enjeux d'une notion », *Artefact*, n° 19, 2023, pp. 179-202.

des agriculteurs mais surtout des petits commerçants, dont ils se détachent aussi pour former une catégorie autonome : l'artisanat.

Si l'artisan est ancien, l'artisanat est lui relativement récent. Loin d'être l'antithèse de l'industrialisation, il en est au contraire, comme on vient de le voir, le produit. Le mot apparaît au lendemain de la Première Guerre mondiale, au moment où les artisans s'organisent en artisanat. Ce rassemblement de tous les artisans de tous les métiers prend corps en 1922 avec la création d'une première organisation : la Confédération générale de l'artisanat français (CGAF). Au cours de l'entre-deux-guerres, l'État lui reconnaît un statut particulier qui consacre progressivement son autonomie à travers une série de lois sur la fiscalité, le crédit, les chambres de métiers, le registre des métiers puis l'apprentissage[2]. L'artisanat est donc le groupe socioprofessionnel des artisans, sa représentation à travers les chambres de métiers et de l'artisanat (CMA) et, d'un point de vue économique, le secteur d'activité de ses entreprises.

Toutefois, cette évolution, décrite ici depuis la France et à grands traits, ne s'est pas produite partout et pas non plus de la même façon. En Allemagne et en Italie, l'artisanat est aussi un secteur bien organisé, malgré de sensibles différences sur lesquelles on ne s'attardera pas ici. Il bénéficie, là aussi avec des nuances, d'un statut et d'une définition légaux dans un grand nombre des pays voisins d'Europe de l'Ouest, plus rarement de l'Est. Ce n'est pas le cas, en revanche, dans les îles britanniques et aux États-Unis où il n'existe, par exemple, rien d'équivalent aux chambres de métiers. Notre artisanat est une réalité difficilement, ou imparfaitement, traduisible en anglais, ce qui complique les comparaisons et les analyses transnationales. Ailleurs, l'artisanat est souvent rattaché aux métiers manuels avec une forte dimension patrimoniale et culturelle. C'est le cas, par exemple, de l'Organisation des Nations unies pour l'éducation, la science et la culture (Unesco).

Pour revenir à la France, l'artisanat y représente actuellement plus d'un million et demi d'entreprises qui emploient plus de trois millions de personnes. Autrement dit, avec une population active de 15 à 64 ans de 30,1 millions d'individus (en 2020) selon l'Institut national de la statistique et des études économiques (Insee), un actif sur dix travaille dans l'artisanat en France. L'ensemble de ces entre-

2. Bernard Zarca, *L'artisanat français, du métier traditionnel au groupe social*, Economica, 1986 ; Steven Zdatny, *Les artisans en France au XXe siècle*, Belin, 1999.

prises réalisent un chiffre d'affaires annuel de 300 milliards d'euros et elles ont formé plus de 201 000 apprentis en 2021-2022, soit un quart de l'ensemble des apprentis. Enfin, l'artisanat se déploie sur une gamme de plus de deux cent cinquante métiers dans quatre grands secteurs : le bâtiment (maçonnerie, charpente, menuiserie, électricité, peinture, carrelage, plomberie, etc.), l'alimentation (boulangerie, pâtisserie, boucherie, charcuterie, mais aussi brasserie, biscuiterie, chocolaterie, meunerie, etc.), la production (cuir et habillement, bois, métaux, céramique, industries graphiques, mais aussi la plupart des métiers d'art qui ne recouvrent donc qu'une petite partie de l'artisanat) et les services (mécanique automobile, dépannage divers, coiffure, teinturerie, taxi, etc.).

Un secteur menacé et en déclin ?

L'idée que les artisans seraient menacés et condamnés à disparaître est elle aussi une construction sociale, une représentation idéologique, née dans le sillage de l'industrialisation au XIXe siècle. Elle repose sur une opposition entre l'artisanat, le travail des artisans, et l'industrie, identifiée, à partir de là, à ses nouvelles formes usinières. Face à la puissance des usines et de leurs machines, le travail réputé manuel des artisans ne pourrait que sombrer.

Karl Marx et Friedrich Engels sont sans doute ceux qui l'ont dit le plus clairement dans le *Manifeste du parti communiste*[3], mais l'opinion est largement répandue parmi les économistes libéraux également. À la fin du XIXe siècle, elle se retrouve dans le découpage de l'histoire économique en grandes phases proposé par l'école historique allemande, qui a beaucoup influencé ensuite historiens et économistes, français et anglais notamment. L'économie artisanale y apparaît comme antérieure à l'industrialisation – et donc dépassée par elle. Dans *La croissance française*, essai économique de référence publié en 1972, la (courte) partie consacrée aux artisans s'intitule ni plus ni moins : « La disparition de l'artisanat »[4]. Elle reflète une opinion largement partagée parmi les élites administratives et politiques françaises de l'après-guerre, et même longtemps après.

3. Karl Marx et Friedrich Engels, *Manifeste du parti communiste*, Londres, 1848.

4. Jean-Jacques Carré, Paul Dubois et Edmond Malinvaud, *La croissance française, Un essai d'analyse économique causale de l'après-guerre*, Seuil, 1972.

Les sciences sociales, également acquises à l'idée du déclin de l'artisanat, s'y sont peu intéressées jusque dans les années 1970. Avec l'épuisement des grands modèles d'analyse, dont le marxisme, la crise économique qui fait douter de la pleine efficacité de la grande entreprise de type fordiste et les mouvements activistes dirigés par Pierre Poujade puis Gérard Nicoud, sociologues, politistes et historiens commencent à s'intéresser aux mondes de l'atelier et de la boutique dans les années 1970-1980, sans toujours remettre en cause le thème général du déclin.

« ***Il n'y a pas eu de déclin de l'artisanat au XXe siècle*** »

Or, il n'y a pas eu de déclin de l'artisanat au XXe siècle, ni en France, ni dans les pays voisins dans lesquels des données statistiques sont disponibles. Au sujet de la France, il est difficile de connaître précisément le nombre d'artisans en activité avant l'ouverture du registre des métiers, en 1936. Les patentes montrent néanmoins une croissance des petites entreprises, artisanales et commerciales, entre les années 1880 et 1914. Certains historiens ont ainsi vu dans la Belle Époque un âge d'or de l'atelier et de la boutique, suggérant, en creux, que le déclin avait commencé après. Ce n'est pourtant pas ce qu'il s'est passé. On observe plutôt des cycles de hausse et de baisse qui se compensent sur la longue durée du XXe siècle, marqué davantage par la stabilité que par un déclin. À la fin des années 1930, la France compte environ 735 000 artisans[5]. En 1948, ils sont un peu plus d'un million. Mais la croissance des années 1940, assise sur le contexte particulier de l'économie de guerre et des pénuries d'un pays occupé, est fragile et la démographie des entreprises artisanales se retourne brutalement et connaît deux décennies de recul, rapide d'abord, plus lent ensuite. Ce retrait n'a, toutefois, pas totalement effacé l'essor précédent et les artisans français sont encore 750 000 en 1970. Cet effectif recommence à augmenter dans les années 1970, puis il se stabilise, avec de légères variations, autour de 800 000 à la fin du siècle. Les mêmes cycles se retrouvent, avec quelques années de décalage, dans les pays voisins.

5. Cédric Perrin, *Entre glorification et abandon, L'État et les artisans en France (1938-1970)*, Comité pour l'histoire économique et financière de la France (CHEFF), 2007.

Un secteur en mutation

Si l'artisanat a déjoué les prévisions des économistes, s'il n'a pas disparu, c'est parce qu'il s'est transformé. Les artisans de la fin du XXe siècle ne sont pas ceux de 1950 ou de 1920. Je laisse volontairement de côté, ici, les politiques artisanales et leurs effets[6], pour me concentrer sur les dynamiques internes de l'artisanat qui peuvent être décrites, dans leurs grandes lignes, autour de trois axes majeurs : sectoriel, économique et technique.

Les changements sont d'abord sectoriels. Les artisans ne font plus les mêmes métiers. Certaines activités ont effectivement périclité, mais de nouvelles se sont développées. L'artisanat a accompagné, plus qu'il n'a subi, l'évolution du capitalisme industriel. Le textile et la confection, qui composaient jusque vers 1950 l'un des trois grands secteurs de l'artisanat (avec l'alimentation et le bâtiment), reculent ensuite inexorablement. Les artisanats de production (les métiers du cuir, du bois, des métaux, etc.), et notamment les métiers ruraux, auxiliaires de l'agriculture, perdent également du terrain. Il s'ensuit aussi une patrimonialisation de certains de ces métiers qui deviennent des métiers d'art, par exemple celui de céramiste. À l'inverse, de nouveaux métiers ont émergé, en particulier dans les services de réparation et d'entretien. C'est le cas typiquement de l'automobile, objet phare de l'industrie du XXe siècle, dont la diffusion massive a reposé aussi sur le réseau serré des artisans garagistes qui maille le territoire. Le bâtiment, enfin, a réussi à rester à l'écart des difficultés après la Seconde Guerre mondiale, si bien qu'il a renforcé sa position dominante dans l'artisanat. Quatre artisans sur dix, aujourd'hui, travaillent dans la construction.

« Quatre artisans sur dix travaillent dans la construction »

Les mutations sont aussi d'ordre économique. Les artisans sont devenus des entrepreneurs. Ce modèle de l'artisan entrepreneur n'est pas entièrement nouveau. Il a pu être repéré sur des périodes beaucoup plus anciennes[7], mais sans que les sources permettent d'en mesurer la diffusion au-delà d'une « élite » artisanale. Vers 1950, 60 % des artisans

6. Voir C. Perrin, *op. cit.*

7. Par exemple, Valérie Nègre, *L'art et la matière, Les artisans, les architectes et la technique (1770-1830)*, Garnier, 2016 ; Julie Claustre, *Faire ses comptes au Moyen Âge, Les mémoires de besogne de Colin de Lormoye*, Les Belles Lettres, 2021.

travaillent seuls. Ce sont des ouvriers à leur compte, devenus leur propre patron. Vingt ans plus tard, la même proportion emploie désormais au moins un salarié. Les artisans sont majoritairement devenus des petits patrons, des employeurs. Leurs organisations syndicales, qui ont connu de profondes recompositions après la guerre, se sont progressivement rapprochées des mouvements patronaux et siègent aux côtés de ceux-ci parmi les partenaires sociaux lors des négociations tripartites avec l'État et les syndicats de salariés. Au-delà de l'emploi et à l'échelle des entreprises, cette mue se lit aussi dans le développement de pratiques comme, par exemple, la comptabilité, le recours à la publicité, le rapport aux banques et au crédit, la croissance des investissements...

Ces derniers renvoient enfin aux mutations techniques de l'artisanat et, à travers elles, à la nature du travail artisanal, qui a pu faire – quand il ne le fait pas encore – l'objet de malentendus, de représentations idéalisées, fantasmées mais aussi figées[8]. L'artisan est certes un travailleur manuel, mais cette qualité renvoie d'abord à la très ancienne distinction entre les arts mécaniques et les arts libéraux ; soit, de façon plus contemporaine, à la différence avec les professions intellectuelles et libérales. À ce titre, un ouvrier de l'industrie est aussi un travailleur manuel. Pourtant, l'industrialisation a construit l'opposition entre, d'un côté, l'industrie associée à la mécanisation et au progrès technique et, de l'autre, l'artisanat qui ne le serait pas : d'un côté, les machines ; de l'autre, la main. Or, l'artisanat n'est pas resté figé en conservatoire des techniques préindustrielles. Il a évolué avec les innovations techniques et le travail des artisans aussi. Sans entrer ici dans une présentation détaillée, chacun, dans son métier respectif, a appris à employer de nouveaux outils et des machines (pétrins mécaniques des boulangers, scies à ruban des menuisiers, bétonnières des maçons, pour ne citer que quelques exemples), à mettre en œuvre de nouvelles matières et de nouvelles techniques, a acquis de nouveaux savoir-faire... Les ateliers et les chantiers des artisans, ainsi que leur travail, se sont transformés en conséquence.

Vingt-cinq années de croissance et d'évolutions

Il pourrait être tentant de penser que l'essor depuis la fin du XXe siècle d'une économie mondialisée avec ses firmes transna-

8. Cédric Perrin, *Le XXe siècle des artisans, Histoire d'une disparition non advenue*, Le Manuscrit, 2023.

tionales employant des dizaines de milliers de salariés sur plusieurs continents a conduit l'artisanat à sa perte, mais ce n'est pas le cas. C'est même l'inverse qui s'est produit. Depuis le début du XXIe siècle, l'artisanat se montre très dynamique et en croissance. Deux temps nettement distincts se détachent dans cette progression, en France. Elle a d'abord été modérée – le nombre d'artisans augmente dans les années 2000 de 800 000 à 900 000 – avant d'accélérer nettement ensuite jusqu'à dépasser la barre des 1,5 million d'entreprises dans l'artisanat, un niveau inédit qui va totalement à l'encontre d'une disparition présupposée inéluctable. L'historien n'a pas de boule de cristal et il ne peut prédire si cette tendance sera durable. Seul l'avenir le montrera.

« Le renouveau de l'idéologie libérale a remis en scène la figure de l'entrepreneur »

Cette expansion ne repose pas sur un simple prolongement ou un approfondissement des tendances à l'œuvre durant la seconde moitié du XXe siècle. Des facteurs et des dynamiques nouvelles, de natures diverses, se font jour, dont quelques traits saillants peuvent être dégagés et présentés, de façon non exhaustive.

Ce développement de l'entreprise artisanale s'inscrit dans ce qu'on pourrait appeler un âge des entrepreneurs, qui s'est progressivement affirmé depuis les années 1980. L'essor de la grande entreprise depuis la fin du XIXe siècle avait valorisé le rôle des *managers* et des cadres dirigeants. La crise puis le renouveau de l'idéologie libérale ont depuis remis en scène la figure de l'entrepreneur. Cette revalorisation a fait émerger un nouveau cadre culturel qui s'exprime, par exemple, dans l'injonction à être « entrepreneur de soi-même ». Dans le domaine de l'emploi, et sur fond d'un chômage élevé persistant qui signe l'incapacité des grandes organisations à fournir suffisamment d'emplois salariés, les chômeurs ont été « invités » à se créer eux-mêmes leur emploi en fondant leur propre entreprise. Cette philosophie a inspiré le législateur avec l'instauration en 2008 du statut d'auto-entrepreneur, réformé en microentrepreneur en 2014. Il s'agit de « libérer les énergies », favoriser l'initiative individuelle, en facilitant la création d'entreprise, érigée en nouvel horizon d'une carrière professionnelle. Ce nouveau statut est pour beaucoup dans la très forte croissance enregistrée depuis dans l'artisanat, sans l'expliquer entièrement toutefois. En même temps, il en floute les contours et oblige à distinguer artisans classiques et microentrepreneurs, qui n'ont le plus souvent qu'une activité partielle qui doit être complétée par d'autres sources de revenus.

Avant même la création de ce statut, de nouveaux profils d'artisans ont émergé[9]. Contrairement à une idée souvent admise, les entreprises artisanales sont assez peu des entreprises familiales. Elles se transmettent peu de père en fils (moins souvent en fille ; 80 % des artisans sont des hommes). Les dynasties d'artisans sont rares. Dès lors, il faut constamment que de nouveaux entrants viennent renouveler l'artisanat. Les ouvriers, plus particulièrement ceux des petites entreprises, pourvus d'un capital technique généralement acquis en apprentissage, formaient le vivier traditionnel des nouveaux artisans. L'artisanat représentait ainsi une voie de promotion sociale pour les ouvriers. Depuis le début du XXIe siècle, de nouvelles catégories socioprofessionnelles, notamment des employés, des cadres et des ingénieurs, se dirigent également vers l'artisanat et le font prospérer. Ces néoartisans transforment l'artisanat. Ils sont moins des gens de métiers que des chefs d'entreprise qui s'appuient sur leurs compétences de gestionnaires.

Ces arrivées participent d'un questionnement plus global sur le travail et d'une critique du salariat. Alors que les salariés peuvent se sentir dépossédés de leur travail dont ils ne perçoivent pas toujours la finalité, ni ne décident des moyens, l'exercice d'un travail manuel en artisan est une façon d'en reprendre le contrôle. À rebours d'un « travail en miettes », l'artisan maîtrise la totalité de la chaîne opératoire de la conception au produit fini, ainsi que les méthodes à mettre en œuvre. L'artisanat offre au travailleur la satisfaction du travail accompli et bien fait. Cette attente d'épanouissement rend le travail artisanal attractif. Elle minore cependant d'autres réalités, telles que la pénibilité physique[10] ou la diminution des revenus, qui peuvent aussi conduire à abandonner en route les projets de reconversion vers l'artisanat.

De façon plus surprenante, le dynamisme actuel de l'artisanat s'appuie aussi sur le renouveau de métiers dont le déclin paraissait illustrer celui promis à l'artisanat. La brasserie en est, sans doute, l'exemple le plus probant. La dynamique de concentration y a été particulièrement poussée au XXe siècle, au point qu'il ne subsistait plus aucune brasserie artisanale en France dans les années 1970. La renaissance des microbrasse-

9. Caroline Mazaud, *L'artisanat français : entre métier et entreprise*, Presses universitaires de Rennes, 2013 ; Anne Jourdain, *Du cœur à l'ouvrage, Les artisans d'art en France*, Belin, 2014.

10. Olivier Crasset, *La santé des artisans : de l'acharnement au travail au souci de soi*, Presses universitaires de Rennes, 2017 ; Émilie Legrand et Fanny Darbus, *Santé et travail dans les TPE [très petites entreprises], S'arranger avec la santé, bricoler avec les risques*, Erès, 2023.

ries commence dans les années 1980 et il en existe aujourd'hui plus de 2 400. Une région sans véritable tradition brassicole comme Auvergne-Rhône-Alpes en comptait, à elle seule, 474 en 2023. Et ce n'est pas un exemple isolé. Des métiers du bois comme les luthiers et les charpentiers de marine retrouvent aussi des couleurs depuis les années 1990. La boulangerie, qui avait perdu près de 10 000 entreprises depuis les années 1970, en regagne depuis 2020, tout comme la meunerie. Ces renouveaux prennent appui, au moins pour partie, sur les évolutions de la consommation vers davantage de proximité, de qualité et de diversité, auxquelles les artisans sont mieux à même de répondre que les grandes entreprises.

L'artisanat est-il un héritage ou l'avenir du travail ? En réalité, il n'est probablement ni l'un ni l'autre. Assurément, ce n'est pas un simple héritage ou une survivance de pratiques anciennes. Si le patient n'en finit pas de mourir, c'est qu'il n'est pas si malade que d'aucuns ont voulu le croire. L'artisanat n'a pas disparu avec l'industrialisation. Sa bonne santé actuelle atteste, au contraire, qu'il est bien vivant. Il répond à des enjeux contemporains en matière de proximité ou d'écologie, à travers par exemple la rénovation énergétique des logements qui aura besoin d'artisans. Pour autant, il serait pour le moins exagéré de l'ériger en horizon d'attente pour l'ensemble des travailleurs ; ce que, en réalité, personne ne propose vraiment. Le mouvement des reconversions de cadres vers l'artisanat a attiré l'attention, mais il ne doit pas masquer que, si le travail artisanal peut être épanouissant, il a aussi ses contraintes qui limitent ces mêmes reconversions, conduisent à renoncer, découragent les plus jeunes à aller en apprentissage vers ces métiers alors même que certains, en tension, peinent à recruter. L'apprentissage dans les premiers niveaux de qualification apparaît ainsi comme un enjeu mal pris en compte par l'État, dont la politique en la matière privilégie le développement de l'alternance dans l'enseignement supérieur. Ni maudit ni idéal, l'artisanat est un secteur dynamique de l'économie qui ne peut pas être négligé.

Cédric PERRIN

Société

CHRONIQUE

de Jean-Philippe Pierron

Philosophe, Université de Bourgogne, directeur de la chaire « Valeurs du soin ».

La Toussaint des martyrs de la Terre

Dans la longue litanie des saints, lors des célébrations de la Toussaint, à côté des saints et des bienheureux, prennent place aussi les martyrs. Sans discuter cet étrange et désuet palmarès de l'excellence de la vie humaine et spirituelle, mais identifiant que derrière toute grande affirmation de vie s'engage une protestation contre ce qui est force de mort, arrêtons-nous sur les martyrs. En effet, quels sont les martyrs de notre temps ? S'il en est qui sont encore persécutés pour leur foi en Christ, jusqu'où cette foi en Christ incarné, élargie à tout ce qui est chair et matière, autres qu'humains compris, peut-elle nourrir un engagement en faveur d'un soin de la création ? Peut-on lier témoignage et écologie comme expérience spirituelle qui engage tellement l'existence qu'elle invite à se mobiliser pour contribuer à prendre soin éthiquement et politiquement de la Terre, dans des luttes attestant de la dévastation écologique et pouvant parfois se mener au péril de sa propre vie ? Comment la vie de ces martyrs est-elle liée à l'engagement écologique, prouvant une solidarité de la vie et de tous les vivants protestant contre toutes forces de mort ? Le mot d'origine grecque « martyre », qui signifie le témoignage jusqu'au sang et le don de sa vie pour plus de vie, peut permettre de questionner la dimension écologique de tout ce qui est saint, de la Toussaint, de ce que nous associons moins au sacré qu'au saint.

Les questions précédentes donnent l'occasion d'élargir ce que l'on entend d'ordinaire par martyre et témoignage, qui sont souvent limités aux seules persécutions religieuses, parce qu'on délie spiritualité et engagement, foi et histoire. Elles ne veulent pas ignorer celles et ceux que le pape philosophe Karol Wojtyła nomme les « martyrs de la charité », élargissant le retentissement de la foi à toutes les dimensions de la vie et de la création, nature comprise, reconnue comme expression d'un amour qui nous appelle. Mais il faut au préalable redire que le martyre ne se confond pas avec un idéal fanatique à atteindre absolument. « Mourir pour des idées, l'idée est excellente / Moi j'ai failli mourir de ne l'avoir pas eue », chantait avec justesse Georges Brassens. Il y a, dans le martyre, une radicalité intensive de l'amour qui ne se confond pas avec la radicalité extensive du fanatisme. Il témoigne d'une foi religieuse en un Dieu créateur. Elle engage la certitude intérieure du sujet, nécessité subjective qui manque de preuves théoriques – attester n'est pas prouver – mais qui mobilise intensément le croyant. Il ose ainsi attester en un psaume la splendeur de la création (on pense au psaume 8 qui figure – le sait-on ? – sur un disque en silicium déposé à la surface de la Lune en juillet 1969 par les astronautes d'*Apollo 11*). Mais, s'il témoigne, c'est également parce que cette croyance a une implication existentielle très forte. Cette croyance mobilise toutes les dimensions de l'existence, affectivité et rationalité comprises, allant jusqu'à modifier son genre de vie comme ce peut être le cas d'une sobriété heureuse choisie ; voire engageant toute sa vie au risque de la perdre. On pourrait alors, moins par provocation que pour stimuler le questionnement, se laisser toucher par les « martyrs de Sainte-Soline », victimes de la violence politique et policière alors qu'ils témoignent au péril de leur santé et de leur vie de la prédation capitalistique sur les ressources en eau. Mais si l'on veut être à peine plus irénique, observons que, dans toutes les contrées du monde, des défenseurs et défenseuses des terres et de la Terre, dont beaucoup appartiennent aux peuples premiers, sont tués : Berta Cáceres au Honduras en 2016, Paulo Paulino Guajajara au Brésil en 2019, Julián Carillo au Mexique en 2018. Aux Philippines, en Colombie, en Inde, en République démocratique du Congo… au moins 164 militants ont été assassinés en 2019[1], martyrs non d'une cause païenne mais d'avoir voulu prendre soin de la Maison commune contre la déforestation, les extractions minières ou pétrolières. L'écologie a malheureusement aussi ses martyrs. Ils offrent la consistance de leurs résistances en protestant contre le caractère mortifère du capitalisme extractiviste. Dans chacune de ces protestations qui disent « non », se manifeste un « oui » à l'importance de l'intégrité spirituelle et écologique de la Terre comme bien commun. Le ciel et les nuages ne sont pas à vendre. Sur terre comme au ciel, notre témoignage de gratitude est attendu. Saintes et saints de Dieu dont la vie et la mort ont crié Jésus Christ sur les routes terrestres … priez pour nous !

1. Voir, sur le site de Global Wittness (« Témoignage global »), « *Enemies of States ?* », rapport du 30 juillet 2019 (sur *www.globalwitness.org/fr*).

LA DEUXIÈME SESSION DU SYNODE SUR LA SYNODALITÉ

Christoph THEOBALD

*Que sortira-t-il de la deuxième session du Synode romain ? Les attentes portent sur des questions d'ordre anthropologique et de gouvernance ecclésiale. Les résistances, parfois fortes, que ce Synode suscite dans certains milieux indiquent que l'enjeu est important. Il est significatif que l'*Instrument de travail *aborde d'emblée la question de la place des femmes dans l'Église. Une liberté de parole se fait jour, marquant le début d'une nouvelle culture catholique pouvant revigorer la dimension missionnaire de l'Église.*

Au moment où s'ouvre à Rome la deuxième session du Synode de l'Église catholique sur la synodalité, l'opinion publique ne semble guère se passionner pour cet événement mondial. Par ailleurs, chacune des Églises nationales est tentée de ne s'intéresser qu'aux effets du processus synodal sur son propre territoire. Reconnaissons-le d'emblée : le climat global dans lequel commence cette nouvelle session est pour le moins complexe, voire divisé.

De grandes attentes s'expriment au sujet d'un certain nombre de questions cruciales d'ordre anthropologique et portant sur la gouvernance ecclésiale : l'intégration dans nos communautés de personnes regroupées sous le sigle LGBTQIA+, la place et la responsabilité des femmes dans l'Église, y compris leur accès à l'ordination diaconale, le problème de la diminution drastique des « vocations presbytérales » en Europe et l'ordination de *viri probati* (« hommes éprouvés »), le fonctionnement « clérical » de plus en plus contesté de certains prêtres et évêques (aussi, mais pas seulement, dans le cadre du rapport de la Commission indépendante sur les abus sexuels dans l'Église [Ciase] et des équivalents, existants ou non, dans d'autres pays européens). Mais plus ces attentes se manifestent, plus les résistances d'une partie des catholiques par rapport à la démarche synodale se renforcent. Qu'elles soient passives ou actives, ces oppositions expriment la crainte que le processus touche à ce que ces fidèles considèrent comme la substance de leur foi. Un scepticisme latent s'est donc répandu ces derniers temps quant à la capacité du catholicisme à se réformer, jugée en fonction du traitement ou de l'absence de considération des questions, tenues par beaucoup pour urgentes. Et parmi celles et ceux qui ont plutôt un *a priori* favorable à l'égard de la transformation synodale de l'Église catholique, on entend des voix craignant que l'énorme investissement suscité par le pape François finisse par retomber et se muer en déception. Face à ces attentes, appréhensions, doutes et craintes, il convient de rappeler d'abord le point où en est effectivement le processus qui a commencé en octobre 2021.

Un point d'étape

En convoquant le seizième Synode des évêques, le pape François a transformé cette institution, mise en place par Paul VI à la fin du concile Vatican II, en donnant à la première phase, dite de consultation, une forme synodale (sur un plan local, national et continental)[1] et en introduisant parmi les membres de droit un pourcentage non négligeable de non-évêques, dont un certain nombre de femmes (53 sur 346 votants effectifs)[2]. Le changement du nom du secrétariat compétent qui s'appelle désormais « Secrétariat général du Synode » (et non plus « Secrétariat du Synode des évêques ») en est le signe. Nous sommes actuellement au milieu de la deuxième phase qui se déroule au niveau mondial. Mais, entre la première session d'octobre 2023 et celle qui commence actuellement, il y a eu un retour à la base ecclésiale, suivi de nouvelles remontées ; « circulation » multilatérale qui devra continuer à jouer son rôle dans la troisième phase du Synode, dite de réception.

Le titre et le style de l'*Instrumentum laboris* (« Instrument de travail ») de la première session et de celui de la deuxième sont bien dif-

1. Voir le *Document préparatoire* du Synode 2021-2024 (sur *www.synod.va*).

2. Voir le communiqué du 17 avril 2023 du Secrétariat général du Synode (sur *www.synod.va*).

férents : si le titre du premier exprimait simplement l'orientation globale du Synode (« Pour une Église synodale : communion, participation, mission ») et si, partant des remontées de la première phase, le texte rassemblait trois séries de « fiches de travail », composées de questions à aborder par l'Assemblée, le second est intitulé : « *Comment* être une Église synodale ? » et se présente sous la forme d'un texte composé et savamment structuré[3]. On passe donc d'une sorte de grand *brainstorming* ecclésial à la question d'une mise en œuvre à envisager concrètement par l'Assemblée d'octobre 2024. Les vingt chapitres du rapport de synthèse, votés à la fin de la première session, avaient d'ailleurs laissé l'Église avec quatre-vingts « questions », précédées par le constat d'un nombre important de « convergences » et suivies d'une série de « propositions ».

Comment traiter concrètement un ensemble aussi impressionnant de questions qui couvrent à la fois maints dossiers déjà abordés par le concile Vatican II et d'autres plus nouveaux ? On peut comprendre que la liberté inédite avec laquelle toutes ces thématiques ont été mises sur la table, sans en exclure aucune, ait pu susciter le vertige, voire un vent de panique. En décembre 2023, le Secrétariat du Synode a donc communiqué une feuille de route, intitulée « Vers octobre 2024 », avec quelques orientations qu'il a ensuite précisées le 14 mars 2024. Une stratégie se dégage de ces documents, dont il faudra évaluer la pertinence au regard du climat ecclésial évoqué au début de cet article et des problèmes de fond soulevés par la première session.

La manière d'avancer, choisie par le pape François et le Secrétariat, consiste en fait à distribuer l'ensemble des questions à aborder en *deux séries*. D'un côté, on repère cinq perspectives intrinsèquement liées au thème central du processus et orientées vers la question directrice de la deuxième session : « *Comment* être une Église synodale ? » Ces perspectives portent d'abord sur l'« architecture missionnaire » de l'Église tout entière en envisageant ses trois niveaux, local (« I. Le visage synodal missionnaire de l'Église locale »), national voire continental (« II. Le visage synodal des groupements d'Églises ») et universel (« III. Le visage missionnaire synodal de l'Église universelle »). Les deux autres perspectives sont transversales et concernent la méthode synodale, question décisive qui accompagne le Synode depuis sa convocation, et l'enjeu du « territoire » ou du « lieu » à une époque où

3. Les deux « instruments de travail » comme tous les autres textes cités du processus se trouvent sur le site du Synode (sur *www.synod.va*).

la mobilité transforme profondément notre relation à la dimension de l'espace. Si, pendant la première session, les experts théologiennes et théologiens avaient exercé le rôle de simples secrétaires, préparant le « Rapport de synthèse », ils ont été ensuite davantage impliqués dans la préparation du nouvel *Instrumentum laboris*, grâce à cinq groupes de travail, portant chacun sur une des cinq perspectives.

Toutes les autres questions, formulées lors de la session d'octobre 2023, sont confiées à un ensemble de dix « groupes d'étude », formés d'experts du monde entier et de membres des différents dicastères de la Curie romaine, sous la direction du Secrétariat du Synode, responsable de leur « traitement authentiquement synodal ». Les dix thématiques portent respectivement sur 1) les relations entre les Églises catholiques orientales et l'Église latine, 2) la place des pauvres, 3) la mission dans l'environnement numérique, 4) la révision de la formation des prêtres dans une perspective synodale missionnaire, 5) les questions concernant des formes ministérielles spécifiques (avec une recherche théologique et pastorale sur l'accès des femmes au diaconat), 6) une révision synodale des rapports entre l'épiscopat, la vie consacrée et les associations de fidèles, 7) tout ce qui concerne le ministère de l'évêque, 8) le rôle des représentants pontificaux dans la perspective synodale missionnaire, 9) le discernement partagé des questions doctrinales, pastorales et éthiques controversées et, enfin, 10) les fruits du cheminement œcuménique.

Il est clair que le traitement de toute cette deuxième série de thématiques demande des compétences théologiques et anthropologiques, pastorales et canoniques spécifiques et introduit un nouveau rythme d'avancée de la « caravane synodale ». *Comment maintenir alors le lien entre ces dix groupes de travail et l'Assemblée synodale ?* Ce lien est d'abord *institutionnel*, mais concerne aussi et surtout *la manière de procéder.* Il est institutionnel car les dix groupes d'étude doivent rendre compte du début de leurs travaux devant l'Assemblée d'octobre 2024 et les achever, si possible, avant la fin du mois de juin 2025. Quant à la manière de procéder, l'enjeu est « l'écoute commune de la voix de l'Esprit, véritable maître de l'harmonie et de la communion, qui bouleverse nos prévisions et nos attentes pour créer quelque chose de nouveau[4] », selon l'expression du texte d'orientation du Secrétariat du Synode du 14 mars 2024 qui engage aussi la Curie romaine, évoquant la méthode synodale sur laquelle je reviendrai.

4. *Cf.* Secrétariat général du Synode, *Groupes d'étude sur des questions soulevées lors de la Première session de la XVIe Assemblée générale ordinaire du Synode des évêques à approfondir en collaboration avec les dicastères de la Curie romaine*, n° 2 (sur *www.synod.va*).

Ajoutons que la *frontière thématique* entre les travaux des dix groupes d'étude et l'objectif spécifique de l'Assemblée d'octobre 2024 reste poreuse. L'*Instrumentum laboris* fait explicitement référence aux questions posées à *chacun* de ces groupes, citant même certains deux fois, et établit des *liens très fermes* entre ces thématiques et le devenir synodal de l'Église missionnaire. Il rouvre ainsi le processus du discernement en annonçant d'emblée que l'Assemblée ne donnera pas de réponse à toutes les questions, qu'on peut par ailleurs s'attendre à ce que d'autres émergent sur le chemin de conversion et de réforme que la deuxième session invitera toute l'Église à entreprendre[5]. Il promet cependant « des changements concrets, rapidement perceptibles », concernant surtout le fonctionnement synodal des conseils ecclésiaux et les procédures d'évaluation des personnes en position d'autorité[6].

Au moment de publier l'*Instrumentum laboris* pour la deuxième session, le 9 juillet 2024, le Secrétariat du Synode a annoncé la composition de tous les groupes de travail, sauf celle du cinquième groupe qui traite les questions concernant des formes ministérielles spécifiques (avec une recherche théologique et pastorale sur l'accès des femmes au diaconat), ajoutant alors la remarque laconique : « Le Dicastère [pour la doctrine de la foi] a commencé son étude selon les procédures établies dans son propre règlement, en vue de la publication d'un document spécifique[7] », note en contraste flagrant avec ce que l'*Instrumentum laboris* affirme de la nécessaire transparence des décisions ecclésiales.

Un nouvel *Instrumentum laboris*

Ce texte qui orientera les travaux de la deuxième session débute par une introduction, qui récapitule le chemin parcouru depuis trois ans, et vingt et un paragraphes qui exposent les « fondements » théologiques de la « vision d'une Église synodale missionnaire ». Cette insistance sur la « vision » est particulièrement décisive dans une situation où l'opinion publique se focalise sur telle question, jugée urgente, et où la pastorale fonctionne très largement en silo. Retenons la

5. *Cf. Comment être une Église synodale en mission ?* Instrumentum laboris *pour la deuxième session*, octobre 2024, p. X (sur *www.synod.va*).

6. *Cf. ibid.*, n° 91 (sur *www.synod.va*).

7. Liste des membres des « groupes d'étude » sur le site du Synode (sur *www.synod.va*).

remarque programmatique qui fait en même temps comprendre la stratégie du Secrétariat : « Il est nécessaire d'avoir une vision globale dans laquelle pourront s'intégrer les réflexions et les propositions pastorales et théologiques, pour guider l'Église dans son cheminement qui se révèle être essentiellement un processus de conversion et de réforme. Les mesures concrètes que prendra ensuite l'Église permettront de mieux cibler l'horizon et approfondir la compréhension des fondements, dans une circularité qui marque toute l'histoire de l'Église[8]. »

Quant à cette vision qui reprend quelques éléments de l'ecclésiologie du concile Vatican II et introduit en particulier un développement sur la signification commune de la synodalité et sur « l'unité comme harmonie des différences » (dans l'esprit de la pneumatologie de saint Basile de Césarée), le texte réserve une surprise au lecteur. Dès cet exposé des « fondements », il traite en effet de la place des femmes dans l'Église sous le titre « Sœurs et frères en Christ : une réciprocité renouvelée » (abandonnant le langage classique de la « complémentarité »). Ces paragraphes révèlent la « stratégie » du Secrétariat : le texte commence par fonder l'égalité entre femmes et hommes dans l'Église sur le baptême, il promeut ensuite un changement de mentalité, énumère toutes les possibilités de participation des femmes déjà existantes (« souvent sous-utilisées »), encourage l'exploration de nouvelles formes ministérielles et pastorales et rapporte une série de demandes concrètes émanant des Églises locales (par exemple, la participation d'hommes et de femmes à la prédication, y compris pendant l'eucharistie). Il poursuit : « Certaines Églises locales sollicitent l'admission des femmes au diaconat, tandis que d'autres s'y opposent fermement. Sur ce sujet, qui ne fera pas l'objet des travaux de la deuxième session, il est bon que la réflexion théologique se poursuive, avec des temps et des modalités appropriés » (avec un renvoi au cinquième groupe d'étude).

Le cœur du document est composé de trois parties, intitulées respectivement : « I. Relations », « II. Parcours » et « III. Lieux ». Ces titres sont très simples, comme l'est d'ailleurs le langage concret et accessible de l'ensemble du texte. La première partie débute en effet par le « jeu de relations » qui constitue l'existence humaine et qui, pour les chrétiens, trouve sa forme grâce à l'*itinéraire* de l'initiation ; depuis la première session, ce chemin (*syn-hodos*), voire cette conception géné-

8. *Comment être une Église synodale en mission ?* Instrumentum laboris *pour la deuxième session*, octobre 2024, introduction de la partie « Fondements » (sur *www.synod.va*).

tique de la vie chrétienne et de l'Église détermine son style synodal missionnaire. La suite du texte en dégage progressivement les implications concrètes en partant des « charismes » de chaque baptisé, si peu considérés dans notre pastorale ordinaire, et des différents types de ministères, anciens ou nouveaux, pour aboutir aux questions suscitées actuellement par l'exercice du ministère ordonné « au service de l'harmonie ». Le texte résume la théologie classique du ministère presbytéral et épiscopal, tout en y introduisant des nuances, insistant par exemple sur le lien traditionnel entre la fonction épiscopale et la présidence d'une Église locale, « en rétablissant la correspondance (si importante dans le dialogue œcuménique) entre la communion des évêques (*communio episcoporum*) et la communion des Églises (*communio Ecclesiarum*) ». Cette partie se termine par un long développement sur la synodalité comme « échange de dons » dans l'Église locale et entre les Églises, échange particulièrement difficile mais significatif dans des contextes néocolonialistes ou marqués par la violence.

La deuxième partie, intitulée « Parcours », adopte la perspective des processus ou manières de procéder qui contribuent à soigner et développer les relations (dont il s'agit dans la première partie). Quatre « domaines » distincts mais profondément liés entre eux sont analysés : une formation intégrale et commune de tous les acteurs pastoraux, le discernement ecclésial pour la mission, l'articulation des processus décisionnels (avec une correction du droit canonique qui risque de sous-estimer la valeur de la « consultation », à respecter par l'autorité) et la transparence de ces processus, nécessitant la capacité de ceux qui y sont impliqués d'en rendre compte à d'autres. Au cœur de ce parcours méthodologique, on trouve une petite phénoménologie de l'expérience de l'écoute qui, avec la conversation spirituelle, est peut-être déjà l'acquis principal du processus synodal, touchant à la fois à la constitution pneumatologique de l'Église et à la manière d'en vivre concrètement. La visée est, en effet, d'*écouter Dieu* qui a parlé et qui continue à parler aujourd'hui à son peuple ; écoute que j'appelle « stéréophonique » car elle passe simultanément par « différents canaux », à savoir une pluralité de voies, voire de « voix » : l'Écriture et la vie de l'Église, les « voix » des autres, de la Terre et ultimement celle de la conscience, espace de résonance de toutes les « voix » où se forment nos décisions[9].

9. *Cf. ibid.*, n° 61.

La troisième partie, enfin, traite des « lieux » ou « territoires pour marcher ensemble ». La perspective est novatrice car elle consiste à analyser les *mouvements transversaux*, liés à la mobilité de nos contemporains : « Tout en reconnaissant l'ancrage indéniable de la vie dans des contextes physiques et dans des cultures concrètes, il est impératif de dépasser une interprétation purement spatiale du concept de lieu : les lieux pour la vie de l'Église ne sont pas seulement des espaces, mais aussi des sphères et des réseaux propices au développement des relations, à même d'offrir aux personnes un enracinement et une base pour leur mission, partout où leur vie se déroule. La conversion synodale des esprits et des cœurs doit s'accompagner d'une réforme synodale des lieux ecclésiaux, *appelés à être des routes sur lesquelles marcher ensemble*. Il ne s'agit pas d'enfermer l'action pastorale dans des appartenances électives, mais de permettre la rencontre avec chaque homme et chaque femme[10]. » Sur cette base, le document revoit l'architecture de l'Église catholique une et unique, partant des Églises locales, de la paroisse (avec un long développement sur les conseils, leur capacité à rendre compte de leur travail, de la désignation de leurs membres, de leur composition, etc.) et parcourant ensuite les autres niveaux ecclésiaux (et leurs conseils, par exemple les Conférences épiscopales dont l'autorité, aussi doctrinale, est à préciser), y compris les assemblées continentales et le service de l'unité de l'évêque de Rome[11].

La conclusion de l'*Instrumentum laboris* revient sur la vision dont il a été question dans la présentation des « fondements » théologiques d'une Église synodale missionnaire, reprenant et complétant l'« utopie » messianique du prophète Isaïe (Is 25, 4-8), déjà cité en exergue du texte.

Avancer sur une crête

Comment interpréter, au point où nous en sommes, au début de la deuxième session, la stratégie de transformation, telle qu'elle se dessine dans l'*Instrumentum laboris*, au vu du climat actuel dans l'Église catholique et du moment historique qui est le sien ?

10. *Ibid.*, n° 86.

11. *Cf. Comment être une Église synodale en mission ?* Instrumentum laboris *pour la deuxième session*, octobre 2024, n°s 100-108 (sur *www.synod.va*). Voir aussi l'important document d'étude, publié le 13 juin 2024 par le Dicastère pour l'unité des chrétiens, intitulé *L'évêque de Rome, Primauté et synodalité dans les dialogues œcuméniques et les réponses à l'encyclique* Ut unum sint (sur *www.christianunity.va/content/unitacristiani/fr.html*).

Il me semble que le « *brainstorming* organisé » de la session de 2023 est le symptôme d'une accumulation de questions non traitées, héritées des pontificats précédents et subitement formulées grâce à une nouvelle liberté de parole au sein de nos assemblées. Cette accumulation et la concentration des opinions publiques sur certaines des questions jugées plus urgentes rendent l'accès au *versant proprement théologal* de la marche ecclésiale, dans le changement d'époque qui est le nôtre, plus difficile, suscitant quasi nécessairement les craintes dont il a été question plus haut et les doutes sur la réformabilité de l'Église catholique, plutôt renforcés par le fait que les questions controversées aient été confiées à des « commissions ».

Comment honorer, en effet, les attentes légitimes de solutions concrètes, tout en prenant le temps nécessaire pour y parvenir ? Défi d'autant plus crucial que ces attentes touchent pour la plupart à *l'articulation bien complexe et controversée entre le versant doctrinal et le versant historico-culturel* (par définition diversifié) de la tradition chrétienne. Ce problème de fond émerge à nouveau à l'arrière-plan de *chaque* question plus concrète ; il suffit de rappeler les réactions, parfois très violentes, à la déclaration *Fiducia supplicans* (2023) du Dicastère pour la doctrine de la foi sur la signification des bénédictions avec un chapitre sur la « Bénédiction des couples en situation irrégulière et des couples de même sexe » (18 décembre 2023) ou encore au « non » du pape François au diaconat féminin dans un entretien récent (21 mai 2024).

Nous assistons en effet à la prise de conscience difficile que l'Église mondiale vit avec *différentes temporalités*, en déphasage les unes par rapport aux autres et difficiles à articuler. La rapidité des changements sociétaux et l'implication des médias et surtout des réseaux sociaux dans cette accélération sont proverbiaux, ayant pour effet de renforcer les résistances, les attentes souvent démesurées, les scepticismes et d'attiser les tensions. Ces attentes et ces résistances concernent surtout ce qui est *visible*, la structure de l'Église (comparée spontanément au fonctionnement de nos sociétés), alors qu'elle ne peut être réduite à son versant institutionnel. Il est difficile d'expliquer la méthode synodale qui, je l'ai noté, est plus qu'une méthode, fréquemment soupçonnée de spiritualisation, voire de diversion. L'accélération du temps et ses effets sont très différemment vécus sur tous les continents et au sein de leurs espaces culturels, alors que chaque Église locale, voire continentale, est davantage tentée aujourd'hui de se considérer comme le centre du monde ; on a pu l'observer par exemple au moment des conflits « synodaux » entre l'Église d'Allemagne et le Vatican ou encore dans certaines charges du président du Symposium des conférences épiscopales d'Afrique et de Madagascar, le cardinal Fridolin Ambongo Besungu, contre l'Occident et en réaction à la déclaration *Fiducia supplicans*.

Il existe un déphasage temporel encore plus difficile à gérer, celui entre la réponse aux questions particulières, voire les propositions pastorales qui en résultent et le développement « doctrinal » en profondeur du catholicisme, sortant progressivement, en raison de l'actuel changement d'époque, de la forme ecclésiale du deuxième millénaire de son histoire. Au début de son développement sur les « fondements », l'*Instrumentum laboris* évoque cette distinction et la « circulation » entre ces deux niveaux qui « marque toute l'histoire de l'Église », mais sans faire état de la difficulté à y accéder, précisément en raison du déphasage entre le temps court des opinions publiques et ecclésiales et le temps long des transformations d'ordre « constitutionnel ».

Face à ces difficultés réelles, la stratégie synodale, proposée par le pape François et le Secrétariat du Synode à l'Assemblée réunie en deuxième session, ressemble à une marche sur la crête : traiter d'abord du versant « constitutionnel » de l'Église en l'assurant d'une manière synodale d'aborder les questions concrètes au sein d'une architecture ecclésiale renouvelée qui articule diversité et harmonie ; ouvrir ce « chantier » au traitement des questions concrètes en suspens, en soulignant déjà les « possibilités sous-utilisées » ; amorcer enfin un traitement respectueux et compétent de ces questions par des groupes d'étude.

Aurait-on pu adopter d'autres stratégies ? Il est légitime de se poser la question : détendre le calendrier mais en courant le risque que le processus s'essouffle ; laisser le Synode aborder les questions « constitutionnelles » *et* les attentes concrètes mais au risque d'être dépassé par le temps que demande la circulation entre commissions d'experts et assemblée (bien gérée à Vatican II, grâce à la suite de quatre périodes entre 1962 et 1965)… Seul l'avenir montrera si le discernement en faveur de l'actuelle stratégie relève de la « sagesse » que l'Esprit donne à son Église. Il faudra en tout état de cause mettre en œuvre une pédagogie affinée pour faire comprendre l'*option* effectivement prise à une opinion publique partagée sur ce qui peut être attendu de l'avancée du processus synodal.

Que peut-on raisonnablement espérer ?

Malgré l'ouverture à l'inattendu qui caractérise nécessairement ce processus, il est possible d'en anticiper modestement quelques probables « résultats » à moyen et long termes. Je me contente d'en énumérer trois.

• *D'abord et avant tout : le début d'une nouvelle culture catholique.* Nous savons qu'on ne peut pas créer de toutes pièces un nouvel *ethos* culturel. Mais on peut promouvoir des pratiques qui, à plus ou moins long terme, ont pour effet de changer nos mentalités. Remplaçant les gradins du concile Vatican II et l'hémicycle des synodes précédents, les trente-neuf tables de la salle synodale véhiculent une nouvelle image, voire une vision autre de l'Église, en pouvant évoquer la salle des noces de la parabole évangélique. Ces nouvelles manières de procéder, déjà pratiquées ici ou là et, pour certaines, sur un plan universel, sont exposées dans la deuxième partie de l'*Instrumentum laboris.* Tout dépend maintenant de la mise en œuvre de ces consignes formant un parcours cohérent, allant d'une formation commune à la capacité de discerner et de la pratique effective du discernement vers des décisions prises synodalement dans un cadre institutionnel où *chacun*, étant à sa place, doit apprendre à rendre compte de ses responsabilités devant les autres.

La pratique, largement adoptée sur les différents continents, de la « conversation dans l'Esprit » restera le moteur de cette transformation culturelle en cours. En s'insérant en quelque sorte entre la table de la Parole et la table eucharistique, elle touche au centre même de la tradition biblique, à savoir à la capacité d'écoute de la parole de Dieu – d'une écoute stéréophonique – qui doit précéder toute prise de parole humaine. Elle permet à l'Église de passer un seuil historique, car c'est peut-être pour la première fois dans son parcours deux fois millénaire qu'elle est invitée à faire *collectivement* cette expérience décisive.

L'expression du pape François, appelant l'Esprit saint « le protagoniste du Synode », signe ce tournant pneumatologique de l'Église. Tout en étant porté par l'Esprit, le Synode donne en même temps la possibilité de repérer son travail discret dans nos « interstices » relationnels : dans l'expérience de la « résonance » (Hartmut Rosa) de la parole de Dieu et de celle d'autrui, intimement liée au « charisme » de chaque baptisé et être humain, don à partager et à échanger avec d'autres sur un plan relationnel et collectif, voire universel, partage qui anticipe et suit l'Eucharistie du Christ Jésus. Cette manière « spirituelle » de procéder s'inscrit et prend progressivement corps sur le *chemin* du catéchuménat et de l'initiation chrétienne dont le caractère structurant est exposé dans la première partie de l'*Instrumentum laboris*. Celle-ci affirme l'égalité de principe de tous les baptisés, leur diversité native et « charismatique » et la voie synodale vers l'harmonie ; égalité fondamentale qui oblige l'Église à recadrer sa ministérialité. Redisons-le, *il s'agit d'un début : rien de plus, rien de moins.*

• *Un deuxième résultat probable porte sur une nouvelle différenciation de l'« architecture » ecclésiale.* Il en est surtout question dans la troisième partie de l'*Instrumentum laboris* qui prend acte d'une nouvelle composition de l'Église dont le principe est l'Église locale et la *communio Ecclesiarum*, représentée par la *communio episcoporum*, sous la responsabilité de « l'évêque de Rome en tant que principe visible de l'unité ».

La question encore largement ouverte mais au moins reconnue comme telle est la distribution canonique des compétences spécifiques à exercer à chaque niveau (local, national, continental et universel), de manière « synodale », y intégrant le ministère épiscopal. Nous touchons ici au problème de l'articulation controversée entre le versant doctrinal et le versant historico-culturel de la Tradition, déjà signalé plus haut. Il est à peine mentionné dans la partie « fondements » de l'*Instrumentum laboris* et plus explicitement dans les consignes données au neuvième groupe d'étude sur les « questions doctrinales, pastorales et éthiques controversées » : « Dans ce travail, il conviendra de mieux articuler la relation circulaire entre la doctrine et la pastorale : la première est généralement associée à la vérité et la seconde à la miséricorde, comme si les pratiques qui semblent pastoralement sensées n'avaient pas de répercussions sur la systématisation doctrinale. En outre, il faut se demander comment donner, dans les différents discernements, "une plus grande attention à la diversité des situations et écouter plus attentivement la voix des Églises locales"[12]. » Or, le traitement d'une bonne partie des questions en suspens, celle par exemple de la place des personnes LGBTQIA+ dans la communauté chrétienne ou celle de l'accès des femmes au ministère diaconal,

12. Secrétariat général du Synode, *Groupes d'étude sur des questions soulevées lors de la Première session de la XVIe Assemblée générale ordinaire du Synode des évêques à approfondir en collaboration avec les dicastères de la Curie romaine*, p. 11, avec une citation du *Rapport de synthèse de la session* de 2023, n° 13h (sur *www.synod.va*).

dépend d'une conscience plus nette du rôle de la doctrine et de la nécessité de son développement. On peut s'attendre à ce que cette question « constitutionnelle », déjà formulée avec précision, trouve une solution qui intègre les acquis de Vatican II, surtout la notion de « hiérarchie des vérités[13] », à mettre en œuvre dans l'articulation harmonieuse de la diversité et de l'unité, et un nouveau type de langage normatif qui définit plutôt des « critères » (déjà présent dans l'*Instrumentum laboris*) ou une « grammaire d'unité ». On comprend que ce point comme d'ailleurs le précédent sur la manière de procéder auront un impact décisif sur l'avancée du dialogue œcuménique, si heureusement promu par le Synode.

La notion de « territoire », centrale dans la recomposition de l'architecture ecclésiale, comporte également quelques belles promesses. Le Synode insiste sur l'échange des dons entre Églises[14], ce qui est une visée théologale fondamentale. Sa mise en œuvre est cependant traversée par de grandes ambiguïtés car la dimension financière de ces échanges, mêlée par exemple à la réception de prêtres étrangers dans des zones de l'Europe en manque de plus en plus criant de pasteurs, risque de fausser les discernements nécessaires sur l'avenir des Églises concernées. Certains continents (comme l'Amérique latine) disposent déjà d'une belle solidarité synodale. Ce n'est pas le cas de l'Europe qui, formée d'Églises très anciennes, appartenant à des traditions culturelles très diverses, est en train d'entendre l'actuelle « continentalisation » de l'Église catholique comme un appel à se situer comme « regroupement » continental d'Églises en relation d'échange avec d'autres « Églises continentales » et de prendre davantage conscience de son charisme spécifique et de ses fragilités propres.

• *L'ouverture et la réouverture d'un laboratoire ecclésial sont peut-être une troisième promesse de l'actuel processus synodal.* Certains se rappellent sans doute le rapport de Mgr Claude Dagens, publié il y a exactement trente ans. On pouvait y lire : « Tandis que s'esquisse une nouvelle figure de l'Église, on constate un certain affaissement du catholicisme dans ses aspects les plus visibles et les plus socialement institués. [...] Et pourtant un regard plus apaisé peut considérer l'Église de France comme une sorte de vaste laboratoire où beaucoup

13. *Cf.* Vatican II, Décret sur l'œcuménisme *Unitatis redintegratio*, n° 11, § 3.

14. *Cf. Comment être une Église synodale en mission ?* Instrumentum laboris *pour la deuxième session*, octobre 2024, n°s 43-45, en référence à la constitution *Lumen gentium*, n° 13 (sur *www.synod.va*).

de choses se cherchent, avec des résultats sans doute imprévisibles, mais souvent prometteurs[15]. » S'il a pu sembler à quelques-uns que ce laboratoire a été fermé pendant un certain temps, il est incontestable que le pape François et son Synode viennent de le rouvrir, cette fois-ci en proposant une manière rigoureuse d'avancer et promettant déjà quelques « changements concrets rapidement perceptibles », à savoir des transformations institutionnelles concernant la gouvernance de l'Église (conseils, prises de décisions, etc.).

Une sagesse élémentaire nous avertit cependant que le « desserrement de certains étaux » ne produit pas nécessairement la créativité de la « base » mais laisse paraître beaucoup d'« hommerie », voire des « cléricalismes » jusqu'alors inconscients. Un travail de pacification est donc à poursuivre ou à entreprendre. Les « discours », fussent-ils synodaux, sont une chose ; une autre est l'adhésion cordiale à leur contenu et à leur esprit ; une autre enfin leur mise en œuvre, devant compter avec des résistances encore inconnues, venant du « réel ». Redisons donc une fois encore que nous sommes au commencement d'un nouveau commencement[16].

* * *

L'auteur de ces pages ne peut pas les refermer sans exprimer une inquiétude. Décisive dans l'actuelle démarche synodale, la « mission » – constitutive de l'Église – est précisément traitée d'un point de vue ecclésiologique mais non sur le plan de l'interprétation de l'Évangile de Dieu, et donc sur un plan herméneutique. L'Église n'est pas guérie d'un secret ecclésiocentrisme, restant, au moins dans des larges « territoires » européens, démunie devant l'enjeu décisif d'annoncer l'Évangile de Dieu de façon telle qu'il puisse rejoindre les cœurs de nos contemporains.

Christoph THEOBALD

15. Conférence des évêques de France, *Proposer la foi dans la société actuelle, Rapport présenté par Mgr Claude Dagens (Lourdes 1994)*, Cerf, 1994, p. 35.

16. *Cf.* Christoph Theobald, « "Passée au crible comme le blé" (Lc 22, 31) », *Christus*, n° 282, avril 2024, pp. 69-76.

QUAND UN PENSEUR ARABE HANTAIT LA CHRÉTIENTÉ

Entretien avec Jean-Baptiste BRENET

À la fois passeurs et adversaires, les philosophes arabes ont occupé une place particulière dans leurs relations avec l'Occident latin. Jean-Baptiste Brenet poursuit ici son travail d'élucidation sur l'apport de ces penseurs au Moyen Âge. Il met au jour en particulier le rôle d'Averroès : s'il a été ouvertement critiqué sur certains aspects de sa lecture d'Aristote, en particulier par Thomas d'Aquin, il n'en a pas moins fourni des concepts nouveaux à l'Occident chrétien.

Vous avez publié nombre d'ouvrages qui documentent le rôle qu'ont joué les philosophes arabes au Moyen Âge latin, en ayant soin de les écrire pour un public plus large que le public universitaire[1]*. En 2021, vous avez créé « Falsafa, les rendez-vous de la philosophie arabe » à l'Institut du monde arabe (IMA) qui réunissent un public jeune et nombreux et dont le but est d'explorer la richesse d'une histoire largement méconnue. Vous publiez cette année un ouvrage qui éclaire la pensée d'Averroès par l'art pictural qui s'en fait l'écho*[2]*. D'où vient ce souci d'ancrer la transmission de la pensée arabe médiévale dans la cité ?*

1. Parmi lesquels le récent ouvrage *Que veut dire penser ? Arabes et Latins*, Rivages, 2022, prix des Rencontres philosophiques de Monaco.

2. Jean-Baptiste Brenet, *Le dehors dedans, Averroès en peinture*, Macula, 2024.

Jean-Baptiste Brenet : J'y vois le prolongement naturel, évident, de ma vraie fonction, celle d'enseignant. On parle toujours plus que pour une classe ou une salle. C'est la beauté d'une idée, d'ailleurs ; elle est palpable, elle « ravit », elle déborde la technique et le savoir.

Mais cela ne va pas de soi. Le discours philosophique a sa rigueur, son rythme, son lexique et ses abîmes. Il n'est pas immédiatement séduisant, et presque tout semble destiné à le condamner. Il faut s'y opposer partout où on le peut : sortir du socle qu'est l'Université est un moyen de le faire. S'agissant de la pensée arabe (« classique » plutôt que « médiévale », cette dernière étiquette ne valant que du point de vue de l'Europe latine), l'engagement est encore plus nécessaire. Il est, en vérité, indissociablement philosophique et politique : philosophique, parce qu'on doit lutter contre la méconnaissance ou l'ignorance et combler les graves lacunes dans nos histoires du savoir ; politique, parce qu'il faut démasquer les travestissements, les trucages et les refoulements qui alimentent entre autres le fantasme des racines et les généalogies simplistes. Tout mon travail, sous ce rapport, contribue à réinscrire la philosophie arabe dans une histoire commune de la rationalité.

Vous parlez de graves lacunes à combler s'agissant de ce domaine de l'histoire de la philosophie dont vous êtes spécialiste, et vous réfutez ainsi d'emblée qu'on puisse le qualifier de « médiéval », et donc le désigner à partir de catégories occidentales et latines. C'est une précision qui est centrale aujourd'hui, mais quels en sont les enjeux ?

J.-B. Brenet : On doit tâcher de « décoloniser » la pensée arabe (ainsi que la pensée médiévale latine, du reste) et toute décolonisation porte dans son nom même sa justification. Quand il ne s'agit pas de les « dégeler » purement et simplement pour les tirer de l'oubli total, il convient d'abord de rendre aux auteurs leurs *corpus*, leurs concepts, leur souci théorique circonstancié, leur langue, leur temporalité : cela s'appelle faire de l'histoire de la philosophie, d'ailleurs. C'est aller autant que possible contre l'amputation de la culture et sa brutalité. Ce devrait être une trivialité, mais c'est encore un problème. Cela étant, le décentrement et la déconstruction ne débouchent pas sur le morcellement. Il n'y a qu'un monde, sans absolument autre, sans dehors. C'est évident avec Avicenne (980-1037) ou Averroès (1126-1198) qui furent aussi, par exemple, d'immenses figures latines. On le voit en faisant de la philosophie, cette fois, ce qui demande de quitter un peu la technicité et la spécificité des textes, de les rendre « bavards ». Quant au repérage des trucages, des refoulements, à la dissipation des fantasmes, c'est un travail au long cours, un pied sur chaque rive.

En quel sens la pensée d'Averroès est-elle scandaleuse pour les Latins ? Vous la comparez à des formes de décentrement semblables aux déflagrations portées par les théories de Darwin ou de Freud...

■ **J.-B. Brenet :** Oui, c'est un scandale du même type ; tous se recoupent, même. Celui d'Averroès, du point de vue latin, concerne la pensée humaine, la nature de l'intellect, son rapport au corps, son individualité, son destin. Averroès est reconnu par tous comme le grand commentateur d'Aristote (dont l'œuvre quasi-intégrale, passée par l'arabe, se retrouvait notamment grâce à lui en terre latine) et, à ce titre, on le lit, on l'utilise et on l'intègre.

Mais sur la question de l'âme, sa lecture est rapidement dénoncée à partir des années 1250 et, avec une violence théorique inouïe, elle le restera sur des siècles. Que lui reproche-t-on ? De défendre que l'intellect humain est séparé des corps « substantiellement » (c'est-à-dire qu'il est coupé d'eux comme une réalité autonome) ; qu'il est éternel, dans le passé comme dans le futur (il n'y a pas eu de Création, autrement dit ; et, pour l'individu, il n'y aura pas de résurrection) ; et enfin, la thèse la plus célèbre, que cet intellect est unique pour toute l'espèce humaine. Il n'y a qu'un seul intellect pour tous les hommes, il est « au-dessus » d'eux, il les précède et leur survivra : voilà le problème.

Thomas d'Aquin (1225-1274) en sera le plus grand opposant, le plus brillant, le plus symptomatique aussi, livrant aux suivants la grille de la contestation et de la contre-attaque. Sa critique consiste à dire qu'à suivre Averroès, l'homme ne pense plus : *cet* homme, dans son individualité, dans son être propre, n'est plus ni l'agent ni le substrat de sa pensée ; la pensée se fait au-dehors, sans lui, et s'il y intervient, s'il y contribue, c'est à titre d'objet, seulement, en tant que, par ses images, il fournit la « matière » du concept. La pensée est impersonnelle et les fantasmes, dont Averroès prétend qu'ils peuvent nous y relier singulièrement, ne servent à rien. L'homme, en somme, est dépossédé, aliéné ; il perd la rationalité et la maîtrise ; il n'est plus qu'une bête acéphale, au mieux « imaginante », mais sans morale, sans politique et sans espoir.

La chose remarquable dans cette affaire, c'est que Thomas d'Aquin et les autres vont bâtir contre lui – car tout l'attirail conceptuel n'était pas encore disponible – l'essentiel de ce qui deviendra la conception moderne de la subjectivité européenne : en termes modernes, disons que Thomas d'Aquin oppose à Averroès l'idée de l'individu humain comme nécessairement « sujet » (le sujet-agent, le principe autonome) de sa pensée et de sa vie.

De ce point de vue, on voit aisément le lien avec Darwin et Freud : avant l'heure, Averroès est déjà l'homme du décentrement, de la vexation et de la blessure narcissique ; ce n'est pas de l'individu, comme d'un noyau ou d'un socle (fût-ce dans un univers régi par Dieu) que l'on part, mais de la pensée comme phénomène cosmique et global, si l'on veut, au sein duquel, par ses images, dans son corps, le temps de sa vie, l'homme chemine à sa façon dans la rationalité. L'« Europe » s'en est effrayée, mais l'autre voix, puissante, n'a jamais disparu.

Est-ce à dire que Thomas serait l'inventeur du sujet moderne, d'une conception nouvelle de la liberté et de la responsabilité humaines ?

■ **J.-B. Brenet :** Non, il est *l'un* de ces inventeurs, mais certainement pas le seul. Entre autres choses, le rôle qu'aura joué dans cette affaire saint Augustin (354-430) et sa doctrine de l'intériorité est également essentiel. On peut dire, rapidement, que Thomas impose contre Averroès l'idée que les intellects, qu'on appelle dans la tradition « agent » et « possible », c'est-à-dire tout simplement ce qui nous permet à la fois de produire la pensée par abstraction et de la recevoir, de la concevoir, que ces intellects, donc, sont des *facultés individuelles de nos âmes* : pour Averroès, les intellects sont des réalités séparées des individus et en partie indépendantes d'eux (ils sont en eux-mêmes uniques et ils sont éternels) ; pour Thomas, chaque âme possède d'emblée *son* intellect agent, *son* intellect possible, ce qui, à ses yeux, constituait la seule façon d'assurer l'idée même de personnalité mentale, l'idée que nous soyons les auteurs de nos pensées, que nous puissions êtres des agents moraux et politiques. Par ailleurs, avec lui va s'amorcer une autre chose déterminante dans l'histoire de la « subjectivité » : contre Averroès, qui paraît faire de l'intellect, sujet substrat de la pensée, une réalité extérieure aux individus, Thomas et ses successeurs défendront l'idée qu'*il faut* que l'individu soit le sujet de la pensée pour que celle-ci lui revienne. C'est là qu'est l'un des gestes les plus forts. Et l'on voit que, fût-ce négativement, Averroès aura joué ici un rôle de premier plan.

Vous parlez de « décentrement du sujet » chez Averroès, est-ce là encore au sens moderne de la subjectivité ?

■ **J.-B. Brenet :** Oui et non. On joue un peu sur les mots, évidemment, pour rendre l'affaire plus attractive. Le « sujet » dont parle Averroès est d'abord le substrat, le récepteur (ce « dans quoi » une forme vient s'inscrire) ; et, en l'occurrence, il s'occupe plus particulièrement du sujet qu'est l'intellect humain (lequel est bien un récepteur des concepts). On dit cet intellect « décentré » parce qu'Averroès soutient qu'il s'agit d'une réalité séparée du corps et de l'âme de l'individu ; l'intellect, par ailleurs unique pour toute l'espèce, n'est pas « au centre », dans chaque individu, dans son âme, comme le sont les autres facultés (celle d'imaginer, qui est dans *mon* cerveau ; celles de sentir, qui sont dans différents organes et dans *mon* cœur ; etc.) ; l'intellect, en un sens, est « dehors », il est extrinsèque et il n'a rien, *en lui-même*, de propre à la personne qui pense. Je dis « en un sens » parce que, contrairement à ce que les adversaires d'Averroès lui prêtent, il ne prétend pas que l'intellect n'est aucunement la « forme » de l'homme, ce qui le définit. Simplement, il ne nous est pas lié comme le reste, de la même façon. Ce qui reçoit la pensée, par conséquent, le sujet-substrat de la pensée, n'est pas en moi, en toi, comme le sont, chaque fois différemment, nos images, nos sensations et nos désirs ; l'intellect est comme une sorte de socle ou de réservoir commun auquel, toutefois, nous sommes singulièrement joints par nos images, dont les concepts sont nécessairement tirés. Par là, oui, on retrouve la modernité, et même le plus contemporain. L'individu pense, sans doute, mais il faut revoir, à la suite d'Averroès, ce qui fait qu'on puisse lui attribuer cette pensée : faut-il absolument que le penseur reçoive lui-même, en lui-même, le concept ? Faut-il que la faculté de penser soit à lui, rien qu'à lui, comme les autres facultés qu'il possède dès la naissance ? À tout cela, Averroès répond « non ». Il anticipe, ce faisant, les grandes ruptures que constitueront pour la pensée occidentale les doctrines de Spinoza, Nietzsche, Marx et Freud.

De cet effroi latin et de la riposte qu'il suscite, vous repérez un témoignage dans toute la tradition iconographique du Triomphe de saint Thomas *à laquelle vous consacrez un récent ouvrage. Une tradition qui s'étend sur deux siècles et qui, invariablement, peint, aux pieds du théologien représenté dans toute sa gloire, un Arabe vaincu : Averroès.*

Quel adversaire représente-t-il ?

■ **J.-B. Brenet :** Je me suis intéressé, en effet, aux figurations d'Averroès dans la peinture italienne du XIVe au XVIe siècle. Le saint chrétien triomphe : il est glorieux, il est illuminé par Dieu, les Apôtres, Paul et Moïse, parfois par les Grecs, Aristote et Platon, aussi. Averroès, lui, est tout en bas, au sol, défait, souvent dans une posture mélancolique, son livre renversé. Il est clair que ces représentations n'existent qu'en raison de la querelle théorique dont on vient de parler. Le sage chrétien a un double office, il instruit et il corrige, et celui que Thomas avait « corrigé » magistralement, aux yeux des scolastiques, était Averroès, le Commentateur « pervers », lequel avait truqué la pensée d'Aristote et, ce faisant, ruiné la nature rationnelle et la dignité de l'homme. Comme vous le suggérez, je crois volontiers que la répétition de ce thème, derrière l'apparente volonté de rappeler la victoire et de magnifier la sainteté, est une conjuration de la peur, qui trahit l'impossibilité de se défaire du malaise qu'aura constitué la doctrine d'Averroès pour la latinité et la chrétienté.

Il faudrait un peu de temps pour préciser les contours de cette inquiétude, ou plutôt de cette « inquiétance », et la justifier. Cela étant, ce n'est pas cela d'abord qu'on a voulu. Ces tableaux suivent un programme et répondent à une commande. Et que voit-on ? Que ce n'est pas la querelle qu'on a peinte. Averroès n'est pas le Commentateur, l'aristotélicien ; il est principalement le musulman, barbu et enturbanné. Thomas d'Aquin lui-même entendait s'opposer *philosophiquement* à Averroès, mais on a peint le chrétien vainqueur d'une incarnation de l'islam. Or, les toiles rusent, l'histoire ruse. Le réel déborde l'art, disons, il se rappelle à lui, se montre aussi, pour qui sait « lire ». Averroès, en vérité, n'est pas piétiné, aucunement ; il n'est pas oublié, invisibilisé, « cancellé » ; il est là, souvent au beau milieu de la toile ; il est là, dans son attitude pensive et songeuse, comme une pièce cruciale de la scène. On le croit soumis mais, en un sens positif, c'est lui le « sujet » de la toile.

Vous dites que les toiles rusent. Est-ce que cela signifie que certains peintres, parmi lesquels Lippo Memmi (1291-1356), l'auteur d'une Gloire de saint Thomas d'Aquin *que l'on peut voir dans la chapelle Santa Caterina à Pise, auquel vous vous êtes particulièrement intéressé, ont cherché à figurer un adversaire qui n'existe pas en tant que tel pour Thomas ?*

▪ **J.-B. Brenet :** Les peintures ont varié, mais on peut dire, en effet, que l'Averroès sur la toile ou le mur n'est pas l'Averroès de Thomas d'Aquin. On a peint – si je puis dire – un fantasme, qui répondait à un programme et, au fond, à une propagande dont les effets désastreux sont encore là, loin de la vérité des textes, de la dynamique réelle de la culture et de la pensée. Le déplacement est double. Averroès est, d'une part, le musulman ; il est l'emblème de l'islam (de sa menace et de sa défaite), là où Thomas s'en moque, puisqu'il entend contrer, lui, le mauvais commentateur d'Aristote, sur le terrain de la philosophie ; Thomas dénonce en Averroès l'infidèle *à Aristote*. D'une dissension philosophique, autrement dit, on a fait un duel religieux, une lutte confessionnelle. D'autre part, Averroès est coupé du savoir : il ne reçoit rien des Grecs, ni de quiconque, et il ne lègue rien. C'est l'orphelin stérile. Second trucage puisque, sans la pensée arabe et l'exégèse d'Averroès, en particulier, la scolastique, bien appauvrie, n'aurait pas eu le même visage. On n'a donc pas uniquement justifié la canonisation de Thomas, ni la grandeur de l'ordre dominicain, en lui donnant un adversaire à sa taille. On a projeté dans la peinture, pour la pensée latine et chrétienne, des oppositions et des filiations non seulement sommaires, mais fausses. Sauf que – on y revient – transparaît autre chose…

Alors cette autre chose qui transparaît, précisément, est l'objet de votre enquête, laquelle ne se déroule plus seulement dans l'histoire de l'art, mais dans l'histoire de la philosophie, dans l'histoire même de la pensée… Vous proposez une lecture de ces représentations qui tient compte des textes scolastiques et des lectures latines des thèses d'Averroès. Quelle pensée ces toiles figurent-elles ? Ou plutôt quel échec de la pensée ?

▪ **J.-B. Brenet :** Échec, je ne sais pas. Ce qui se montre, quand on regarde en « lecteur » ce qui transparaît, en dépit du « programme », de la volonté des commanditaires et des peintres, de l'idéologie (qui est celle, au fond et plus largement, de l'« Europe » dans son rapport à son identité et à la vérité), je le vois comme quelque chose de positif. La sorte d'épiphanie qui déborde le projet conscient (je ne parle pas ici de la puissance même de la peinture, c'est une autre affaire) : elle est comme le réel ou l'histoire qui s'entête et fait retour.

Et ce réel recouvre plusieurs choses, qui n'ont pas toutes le même statut. C'est d'abord le fait qu'Averroès, si je puis dire, était « là » : non pas dehors, mais là, comme une des pièces maîtresses de la scène, qui est celle de l'acculturation philosophique de l'Occident. Il n'y a pas de dehors, je le disais ; et c'est ce qu'on voit dans cette figure inratable, qui constitue une sorte de socle et qui demande de repenser les processus de réception, d'enrichissement, de legs et d'acquisition du savoir.

Ensuite, il est là comme personnage « cogitant », comme figure imaginative et songeuse. C'est un point théorique, cette fois. Thomas d'Aquin impose contre Averroès ce qui contribuera à fonder la doctrine moderne de la subjectivité, mais la doctrine d'Averroès, qui brouille les cartes, qui demande de tout revoir de ce qu'on croit évident dans la pensée, qui place en son cœur une théorie de l'image, du fantasme et de la cogitation par où l'individu, singulièrement, se fait homme et s'universalise, cette doctrine offrait un contre-modèle profond qui insiste, comme une autre voie toujours envisageable, « dans » le corps peint du Commentateur. Les artistes ont figuré cela, bon gré mal gré : la possibilité d'une « Europe » (autrement) pensive. Cela est toujours séduisant.

Vous parlez de mélancolie à propos d'Averroès… Son attitude songeuse en serait le signe… Pourquoi Averroès est-il représenté ainsi, parfois, sous les traits d'un homme mélancolique ?

■ **J.-B. Brenet :** C'est bien une affaire de mélancolie. De « mélancolie » (qui est une maladie, pour le Moyen Âge, le résultat d'une complexion déséquilibrée) ou de ce qu'on appelait l'« acédie » (qui est un vice fondamental, où l'on se tient séparé de Dieu), les deux étant souvent associées. Averroès est peint sous des traits caractéristiques : la tête penchée, posée contre sa main, l'air songeur, voire absent, endormi. Pourquoi a-t-on choisi cela ? Pourquoi est-ce comme mélancolique qu'on a voulu le peindre battu ? Il n'y a pas qu'une réponse. Celle que je retiens d'abord est plutôt facile. Averroès – c'est-à-dire aussi l'homme dont parle son système – est mélancolique parce qu'il désespère de Dieu, parce qu'il ne peut y atteindre ; et s'il est impuissant à le rejoindre, aux yeux de ses adversaires latins, c'est parce que l'intellect qui en conditionne l'accès est coupé de lui. L'homme d'Averroès n'est qu'un être d'images (c'est l'imagination qui ferait sa « forme »), séparé d'un intellect qu'il est censé rejoindre, en fantasmant, mais cette jonction ne peut avoir lieu, selon Thomas d'Aquin. La mélancolie traduirait ainsi son enfermement dans l'image. Averroès est peint comme victime de son système « pervers » : dans sa pensée folle, il se coupe de Dieu et, coupé de Dieu, perd courage, renonce et s'enferme, sans perspective d'union, dans la rumination des images inabouties qui polluent son cerveau. Que reste-t-il à celui qui, éteint par sa doctrine absurde, rêvait de jonction ? Il reste à ressasser sa pensée vide et accablante, à ruminer ses fantasmes vains.

Cela étant, comme chaque fois, on peut aussi lire les peintures tout autrement et renverser la perspective. L'ambivalence bien connue de la mélancolie y invitait, d'ailleurs, puisque, comme on le sait, le Moyen Âge latin la voit double, à la fois négative et positive, symptôme de chagrin, de détresse mais aussi de créativité géniale. De ce point de vue, l'Averroès « mélancolique » est aussi, dans sa prostration, le penseur de génie. Mais c'est même plus précis que cela. En le peignant ainsi, « cogitant » et fantasmant, on l'a représenté dans la « posture » caractéristique d'un point central de sa philosophie : celle du corps qui imagine et qui, dans l'imagination et par elle, vient se coupler à l'intellect et à l'universel. Dans le corps mélancolique, on ne voit pas l'homme bloqué dans l'image, ruminant sa clôture, abattu par sa limite, son corps seulement animal, son âme seulement imaginante ; on voit à l'inverse, sous l'apparente torpeur, dans son immobilité rêveuse, l'homme de la cogitation comprise comme espace d'accouplement du général et du particulier, de la langue et de la parole, de l'éternité et de l'histoire, du métaphysique et du physique, de l'anonyme et du personnel. Averroès, dans les textes latins qui nous restent, parle au sujet de ce couplage d'une *fiducia*, d'une « confiance » : de son point de vue, ses thèses n'ont rien de désespéré.

Cette confiance qui se lit dans l'Averroès latin a-t-elle son pendant dans les textes arabes et la logique du fantasme qui y est à l'œuvre ?

■ **J.-B. Brenet :** Oui, absolument. Cette confiance est d'abord une affaire de métaphysique. Le monde d'Averroès n'est pas le nôtre, qui connaît sa fragilité et la possibilité de son extinction. L'univers, pour lui, n'a pas de commencement, n'aura pas de fin et, surtout, en vertu d'un principe qu'on dit de « plénitude », il est convaincu que toute puissance sera nécessairement accomplie. La confiance s'appuie d'abord sur cela. Si la philosophie est une possibilité de l'humanité, par exemple, elle ne peut pas ne pas être. Par ailleurs, il y aura toujours des hommes et, parmi eux, suffisamment d'êtres capables de fantasmer correctement pour que, de leurs images, sorte la science parfaite. Cela étant, vous avez raison, on peut miser aussi sur le fait que chacun, en fantasmant, a les moyens de s'ouvrir une voie propre vers la vérité et la félicité.

Durant deux siècles, donc, des peintres italiens ont figuré Averroès à terre aux pieds de Thomas d'Aquin... Le philosophe arabe a ainsi fait partie intégrante d'une certaine scène de la pensée latine. L'entêtement à représenter cet adversaire dont l'Europe a assez peu gardé la mémoire n'est-il pas étrange ? D'où vient l'occultation progressive de l'adversaire dans la suite de l'histoire européenne ?

▪ **J.-B. Brenet :** Cet entêtement a plusieurs raisons. Il est étonnant, oui, puisqu'on pourrait croire l'affaire réglée : pourquoi répéter sans cesse le « triomphe », au risque de l'affadir ? Mais c'est que l'affaire n'a en fait jamais été réglée : à la fois parce que le thomisme, la pensée scolastique, la Renaissance et la modernité n'ont pas définitivement annulé la puissance de pensée que l'averroïsme recelait (de ce point de vue, la récurrence d'Averroès sur la toile est un scrupule théorique, une contreproposition déroutante, mais toujours disponible et mobilisable). Mais aussi parce qu'on a voulu exclure la pensée arabe de la latinité, qu'on l'a refoulée, si bien que les peintures, quoi qu'on ait visé, peignent le retour de ce refoulé. C'est ce qu'il nous faudrait penser et dépasser une fois pour toutes.

Il ne s'est jamais agi, précisément, que d'une *occultation*, avec tout ce que cela entraîne de réminiscences, de rebonds et de maux. L'Europe a rêvé sans doute sa propre génialité, fût-ce dans la référence première aux Grecs. Mais l'intellect vient de l'extérieur, par la porte (pour reprendre une expression d'Aristote) : Averroès sur le mur n'est rien que la figuration de ce rappel « contrariant » pour ses adversaires.

Propos recueillis par Anne-Sophie JOUANNEAU.

Religion

CHRONIQUE

d'Anne Lécu

Religieuse dominicaine, médecin
dans une maison d'arrêt en Île-de-France.

Faire reculer les ténèbres

L'automne arrive, les jours raccourcissent et la nuit se rallonge, arrivant un peu plus tôt chaque soir. Beaucoup n'aiment pas ces jours plus courts. D'autres, et j'en suis, aiment la nuit et la possibilité qu'elle offre de se retirer.

Au début de la Genèse, Dieu sépare la lumière des ténèbres. Alors naît la nuit, puis vient le jour : « Il y eut un soir, il y eut un matin. » Comme s'il fallait la nuit, la première nuit, pour laisser naître un vrai jour, un jour entier encadré de deux nuits. La liturgie ne s'y trompe pas : héritées du judaïsme, nos fêtes commencent par les vêpres de la veille – les « premières vêpres » – et s'achèvent le soir suivant. La nuit précède le jour, comme si elle en accouchait.

Nos nuits peuvent être paisibles et offrir l'occasion du repos, la récupération bienfaisante qui permet d'affronter le travail du lendemain. Elles peuvent être un lieu de clarté paradoxale, dans laquelle le tumulte intérieur s'apaise, les idées s'éclairent, les liens avec autrui se renforcent. Elles peuvent être un moment d'émerveillement, un silence reposant, une prière.

Mais elles peuvent être aussi sources d'angoisse. C'est souvent le soir, à l'approche de la nuit, que les personnes détenues se sentent mal, lorsque les portes sont définitivement verrouillées jusqu'au matin. Nul moyen d'échapper à la nuit, nul moyen de se fuir, d'éviter les cauchemars et les insomnies. La nuit prend alors une tonalité toute différente. Elle devient menaçante, redoutable, dangereuse. L'insomniaque aimerait dormir mais ne le peut pas et celui qui souffre de cauchemars peut revivre, nuit après nuit, les violences qu'il a subies. Parmi mes patientes, il n'est pas rare que celles qui ont subi des bombardements les revivent de nombreuses nuits, plusieurs mois après. L'une d'elles, au moindre bruit, se réveillait en sursaut et se cachait sous son lit. L'insomnie en vient à être presque préférable, mais la fatigue mine le peu d'énergie qui reste et il devient urgent de permettre à ces personnes de se reposer d'elles-mêmes. Plus loin de nous, dans tant de pays en guerre, des hommes, des femmes et des enfants sont obligés de se cacher dans des abris pour éviter les bombardements nocturnes et sont, eux aussi, privés du refuge de la nuit, du droit de s'absenter de soi.

Ainsi, dans les Écritures (Marc 4, 35-41), les disciples, affolés dans la barque malmenée par les flots et le vent alors que Jésus dort, connaissent cette angoisse de la nuit menaçante. Il ne s'agit pas seulement d'un coup de vent sur un lac : dans l'univers biblique, la mer est le lieu naturel des forces de mort. Ce sont elles qui terrifient les disciples, comme elles terrifient celles de mes patientes qui ne peuvent y échapper. D'une certaine manière, la nuit peut survenir aussi en plein jour : quand un drame arrive dans la vie d'un être, après un grave conflit, un deuil, une maladie ou une catastrophe, le jour ne se lève pas. Il se lève, certes, mais le soleil et le ciel bleu n'enlèvent rien à l'épaisseur de brouillard qui s'est abattu sur l'éprouvé. Cependant, cette atmosphère – lourde, grise, épaisse – est-elle encore la nuit en plein jour ? N'est-elle pas plutôt le retour des ténèbres, du chaos primordial, celui dont la parole inaugurale de Dieu dans la Genèse a séparé l'indistinction en nommant « nuit » et « jour » ces entités nées de l'advenue de la lumière ? Dans le passage de Marc, la tempête entraîne une sorte d'indistinction entre les eaux d'en bas (la mer) et les eaux d'en haut (la pluie) : c'est bien le retour du chaos originaire. Mais Jésus est là, endormi dans la barque. Il est là, mystérieusement absent et présent en même temps. Son sommeil n'est pas sans évoquer le mystère de sa mort et la longue nuit du Samedi saint qui dure deux nuits et un jour entiers. Il traverse le mystère de la nuit qui nous demeure opaque. Il a embarqué avec nous. Il dort « du sommeil du juste », au long de nos nuits.

Nous avons le droit de chercher à le réveiller. Nous avons le droit de lui dire que nous avons besoin de sa foi pour traverser la nuit, que nous avons besoin de sa parole pour calmer les forces obscures. Et si nous sommes de ceux dont les nuits sont calmes et heureuses, nous avons la charge de le supplier pour celles et ceux dont les nuits sont un cauchemar. « Que la lumière soit. » Il faut que ce soit vrai aujourd'hui encore. Nos mots sont pauvres et nos mains malhabiles, mais nous pouvons demander la grâce d'œuvrer à faire reculer les ténèbres.

GUY GOFFETTE, UN POÈTE EN JUMELAGE

Emmanuel GODO

On pourra toujours dire que Guy Goffette était belge mais la question est ailleurs : dans la langue imagée, hospitalière, vivante que cet homme a aimée au point de l'incarner, de lui consacrer les plus belles heures de son existence, lui qui n'était guère théoricien et aimait tant « écrire à l'oreille ». Lui rendre hommage revient alors à se demander : quelle mémoire de la langue a-t-il traversée ? Avec qui a-t-il parlé en silence dans la blessure du vivre ?

« *C'est la route qu'on n'a pas prise*
qui essaime le plus[1]. »

Un poète se reconnaît d'abord aux interlocuteurs qu'il se donne. Une voix se définit par les parentés qu'elle s'invente, ou plutôt qu'elle se choisit. Le poème est comme un banquet, une nécromancie joyeuse où une familiarité est à l'œuvre, qui fera dire au lecteur qu'il reconnaît les lieux d'où le poète regarde ce qui lui arrive dans la vie : *tous les amis sont là*. Guy Goffette (1947-2024) a été soucieux de baliser ce territoire, de signaler les proximités, les lignages imaginaires, le compagnonnage avec les morts ou les vivants, les lointains ou les proches dans le temps, unis par un même amour, une même soif, un même désir de ne pas laisser la vie aux mains des tièdes et des sérieux. Entre dilection et lecture, le poète forge un néologisme pour dire cette consubstantialité de l'acte de création et de l'étrange camaraderie née

1. Guy Goffette, *La vie promise*, Gallimard, « Blanche », 1991.

des lectures et passée au creuset de la solitude : la *dilecture*[2]. On écrit toujours à quatre, six ou dix-huit mains : toute voix est tissage, réponse, accueil de l'écho, émulation, jumelage. Et le poète n'est jamais avare pour nommer l'*alter ego*, rendre hommage à l'aiguillon ou à la source : si la poésie naît dans le face-à-face le plus intransigeant avec soi-même, dans un espace qui peut être celui de la désolation, l'isolement le plus complet en apparence se révèle déjà peuplé de présences, d'accompagnements, comme autant d'encouragements à tenter à son tour sa chance – à faire entendre *sa* voix à travers le filtre de la ressemblance.

Dans la chambre d'amis

Borges, Cavafy, Saba, Pound, Leopardi, Hölderlin, Mandelstam, Pessoa, Frénaud, Claudel, Verlaine, Auden, Pavese et Rimbaud bien sûr, on n'en finirait pas d'inventorier les hommages, les dettes, les partenariats noués par un poète qui, contrairement à beaucoup d'autres, n'efface pas les étapes, le jeu des accointances, mais au contraire assume le fait que le poème soit dialogue, rencontre, exercice d'admiration, chant d'amour brûlant, chambre d'échos ou plutôt d'amis[3], billard à trois, à mille bandes. Et ce qui sort de ce tissage, c'est le miracle d'une voix propre, singulière, naissant littéralement à elle-même dans la relation, dans le corps à corps avec l'autre, ses images clés, ses ressorts secrets, son monde. Je tiens pour exemplaire de cette maïeutique le poème « À Georges Perros au piano » dans *La vie promise*. Par ricochet de connivence, le poème est dédié à Michel Butor, grand ami de Perros. Il commence par égrener des images venues de l'univers de l'auteur des *Poèmes bleus* avant de se fixer sur un pluriel : les poètes. Et c'est dans cette évocation des poètes « que la vie traverse / comme un train l'affiche bleue des voyageurs » que la voix de Guy Goffette donne soudain l'impression de jaillir et de s'affirmer sur un mode qui sera toujours le sien : celui de la souveraineté blessée, de la poussée de grandeur fragile. Le marqueur typo-

2. Sur cette notion dans l'œuvre de Guy Goffette, voir Antonio Rodriguez, « Éthique de la "dilecture" : empathie et communauté », *Littérature*, n° 57, numéro intitulé « Guy Goffette autour des *Romances sans paroles* », Presses universitaires du Mirail, 2007, pp. 135-146.

3. « La chambre d'amis » est le titre de l'une des sections du recueil fondateur de Guy Goffette : *Éloge pour une cuisine de province* (première édition, Champ Vallon, 1988 ; repris chez Gallimard, « Poésie Gallimard », 2000).

graphique de cette urgence dans le trait est le tiret : « – Et chaque vers sous l'ecchymose / porte le chiffre de la rose et du // déchirant bonheur d'être nu parmi les ronces[4]. » Le tiret, le rejet forcé et le blanc typographique sont comme autant de signes d'un creusement rendu visible, d'un effort au bord de l'essoufflement, d'une naissance à soi dans la connaissance de l'autre reconnu si proche, jusqu'à la fulgurance du dernier alexandrin, visiblement *déchiré* dans son rythme : 3 / 2 / 3 / 4. La blessure, l'écorchement et la vie comme coup reçu sont les lieux privilégiés de la rencontre avec le visage frère et avec soi-même.

Cette nécessité de la médiation, de l'attention à la voix des autres et de l'élection affective se manifeste dans cette part de l'œuvre du poète qu'on aurait tort de croire secondaire : l'écriture de préfaces, d'articles, de comptes rendus de lecture. Guy Goffette n'a pas ménagé sa peine pour mettre sa voix au service d'écrivains qui l'ont marqué : Flannery O'Connor, Max Jacob, Lucien Becker, Paul de Roux, tant d'autres. Il n'est pas anodin que l'ensemble de ses chroniques littéraires porte le titre de *La mémoire du cœur* (Gallimard, 2013) et le premier groupe de celles-ci « Les vieux amis », avec des noms comme Jacques Borel, Paul Claudel, Jean Grosjean, Eugène Guillevic ou Achille Chavée, ce « vieux Peau-Rouge qui ne marchera jamais dans une file indienne[5] ».

Guy Goffette n'a pas écrit de théorie – et pour cause : c'est au contact, dans le fil même des émotions, des enthousiasmes, qu'une réflexion sur la poésie se fait entrevoir. C'est dans le « mémorial de la tendresse » qu'une pensée s'élabore et c'est le plus souvent l'élu qui est investi du rôle de porte-parole du *credo* du poète. Ainsi Jacques Borel écrivant, dans *Le retour* (Gallimard, 1970) : « Non, elle ne peut rien l'écriture contre le temps, elle ne peut rien contre l'angoisse qui la nourrit et qu'elle décuple peut-être, qu'elle irrite, qu'elle provoque, contre la mort qui la guette, qui est déjà, comme en nous-mêmes, tapie en elle, et c'est au-devant d'elle que chaque ligne [...] se précipite. » La voix de Guy Goffette ne s'efface pas, elle se reconnaît et se légitime dans celle du grand autre, ici l'auteur de *L'adoration*[6], qu'elle accompagne dans une sorte de commentaire qui ne cherche pas tant à

4. G. Goffette, *La vie promise* (1991), Gallimard, « Poésie Gallimard », 2000, p. 212.

5. Citation d'Achille Chavée, rappelée par Guy Goffette dans sa chronique « L'étalon d'Achille », parue dans *Le carnet et les instants*, n° 83, juin 1994.

6. Jacques Borel, *L'adoration*, Gallimard, 1965, roman qui obtient le prix Goncourt la même année.

expliquer qu'à repérer une vérité partagée, établir une convergence comme un chant amébée : oui, l'écriture est une « arme à double tranchant » dont on ne sait plus si elle protège ou expose aux coups[7].

Écrire à l'oreille

Sans jamais céder à la tentation d'instrumentaliser l'autre, Guy Goffette sait qu'en décrivant ses ferveurs, il délimite un territoire sensible, imaginaire, symbolique, humain. Le choc éprouvé à la lecture des nouvelles de Flannery O'Connor, n'est-ce pas celui qu'il escompte des meilleurs de ses poèmes ? Relisons le récit qu'il fait de sa découverte des *Braves gens ne courent pas les rues* (1955 ; traduction Gallimard, 1981) : « D'aussi loin que je me souvienne, je n'ai jamais remisé trois cordes de bois sec aussi vite, ni dévoré un livre à cette allure, en sautant d'une nouvelle à l'autre, comme un affamé. C'est ainsi que la voix et le monde de Flannery me sont entrés dans le corps pour n'en plus sortir[8]. » Qu'un poème puisse entrer dans le corps de son lecteur pour n'en plus sortir, tel est le principe élémentaire de la poétique déployée par Guy Goffette dans sa propre œuvre.

« *Qu'un poème puisse entrer dans le corps de son lecteur* »

Tout homme entre dans la langue par son nom et que la paronymie soit le pur fruit du hasard n'y change rien : c'est bel et bien un esprit de *fête* que cherche l'écriture de Guy Goffette, que le poème soit le lieu et le temps d'un événement, d'une action décisive, d'une parole venant rompre ou perturber le circuit des significations usuelles. Je prends comme exemple le poème liminaire de *L'adieu aux lisières*. Je m'attarde sur son commencement, car il me paraît représentatif de la manière dont le poème, chez Guy Goffette, épouse un mouvement de surprise : « Peut-être que ce fut comme un bal / champêtre sur le gazon bleui // juste après la séparation des eaux / quand Adam s'impatientait, seul // au bord de la piste, réclamant / à grands cris une cavalière // aux jambes lestes ; peut-être, / car il est bien peu de drames // qui ne commencent avec des rires / pour finir dans l'éclat,

7. G. Goffette, *La mémoire du cœur, chroniques littéraires 1987-2012*, Gallimard, « Les cahiers de la NRF », 2013, p. 17.

8. *Ibid.*, p. 105.

la rixe, les // larmes, et chacun pour soi se retrouve / de part et de l'autre de la clôture, // incapable de se souvenir du pourquoi, / du comment les choses ont tout à coup // mal tourné [...][9]. »

Tout Guy Goffette est dans ce début de poème. Le croisement du temps ordinaire et du temps sacré ou mythique. L'emploi de mots et de tournures qui gardent le grain de la vie, selon la formule claudélienne que le poète aime répéter : « Les mots que j'emploie, / Ce sont les mots de tous les jours, et ce ne sont point les mêmes ! / Vous ne trouverez point de rimes dans mes vers, ni aucun sortilège. Ce sont vos phrases mêmes. Pas aucune de vos phrases que je ne sache reprendre[10] ! » L'incessant passage du rire aux larmes, qui dessine un espace humain marqué par le drame, la conversion toujours possible d'une chose en son contraire, pour le meilleur et pour le pire, à jamais indémêlables. Le mouvement enclenché, à partir d'un point de départ qui semble venir d'un rien, ici le « peut-être que » qui sert d'embrayeur, de feu vert inattendu pour une phrase qui pourrait ne pas finir, qui excède les possibilités du souffle ordinaire, court acrobatiquement d'un vers à l'autre, à grand renfort d'enjambements et de rejets périlleux, comme un taiseux à la table du banquet qui, soudain, parce qu'un signe lui a été donné quelque part dans l'inachevé, se ferait orateur infatigable, porte-parole d'une vérité impérieuse qui se défie des slogans ou des effets pour se concentrer uniquement sur l'éperon de son dire.

Ce canevas-là, Guy Goffette, à proprement parler, ne l'imite pas, il l'a à l'oreille, il en porte l'empreinte dans cette cire intérieure qui est l'adjuvant du poète, son mètre étalon, aux trois quarts indéfinissable. Ce mélange de mouvement, de ténacité, de fragilité, de maladresse assumée, ce risque consenti à une forme de naïveté, de fidélité à une voix d'homme qui n'a pas peur de dire sa vérité dans le tremblé de son verbe, Guy Goffette l'a entendu chez Claudel (« Verlaine » dans *Feuilles de saints*, Gallimard, 1947), chez Jammes (« Prière pour aller au paradis avec les ânes », *Le deuil des primevères*, Gallimard, 1967) ou encore chez Auden : « Sur la souffrance, ils ne se trompaient jamais, / Les Vieux Maîtres : comme ils comprenaient bien / Sa place dans la vie humaine, et qu'elle se produit / Pendant que quelqu'un d'autre est en train de manger ou d'ouvrir une fenêtre ou de passer avec indiffé-

9. G. Goffette, *L'adieu aux lisières*, Gallimard, 2007, pp. 13-14.

10. Paul Claudel, « La muse qui est la grâce », dans *Cinq grandes odes*, Gallimard, « Bibliothèque de la Pléiade », édition de Stanislas Fumet, 1957, p. 265.

rence ; / Et tandis que les vieux attendent pieusement, passionnément, / La naissance miraculeuse, qu'il faut toujours qu'il se trouve / Des enfants qui ne souhaitaient pas spécialement qu'elle arrive, en train de patiner / Sur un étang au bord de la forêt[11]. »

Guy Goffette ne reproduit pas ces grandes séquences rythmées, il fait mieux : il les réinvente, en retrouve la nécessité dans le monde dont il a la charge en tant que poète. Sa « Prière pour aller au paradis avec Francis Jammes » n'est pas une réécriture de celle de Jammes mais une entaille dans l'horizon bouché pour que la poésie puisse, en temps de détresse, se remettre à espérer. Il ne s'agit pas d'exhumer artificiellement une piété hors d'âge mais de faire le pari que la simplicité est une force capable de soulever les fardeaux qu'on porte et nous en délivrer. La poésie comme foi du charbonnier. C'est par la médiation de Francis Jammes que Guy Goffette peut lever le voile sur l'enfant blessé qui tremble en lui : « Ferme les yeux, // Jammes, pour qu'au jour dit la route me soit ouverte, / que le gosse d'hier debout sur son vélo, // ayant repris mon vieux fonds de commerce, triomphe / enfin du doute, du mal amour et de l'oubli. // Ô Seigneur qui dormez entre la camomille / et le sainfoin, laissez-moi donc dans votre attente // croire au paradis des ânes, et qu'il me sera / donné à moi aussi, par un jour de pluie bleue, // de braire tout doucement sur la grimpette étroite / qui borde les nuages et qui mène tout droit / entre les bras du vieux poète délicieux[12]. »

Cette étreinte désirée dans l'improbable d'un paradis de poètes, cette accolade dans l'au-delà, cette fraternité traversant les siècles, ce franchissement de tout ce qui divise, en soi et hors de soi, c'est le dévoilement ultime de l'utopie qui porte l'écriture : la poésie comme labeur ou ritualité inlassable pour conjurer la fatalité du désastre. Ce désastre obscur dont l'ami Paul de Roux parlait si bien : « Il y a un moment dans sa vie où l'on a tout ce que la vie peut vous donner, mais on ne le sait pas. On est heureux peut-être, mais on ne le sait pas. Il faut avoir perdu pour savoir[13]. »

11. Wystan Hugh Auden, « Musée des Beaux-Arts », *Poésies choisies*, traduction de Jean Lambert, Gallimard, « Poésie Gallimard », 2005, p. 54.

12. G. Goffette, « Prière pour aller au paradis avec Jammes », *Le pécheur d'eau*, Gallimard, « Poésie Gallimard », 1995, pp. 66-67.

13. Paul de Roux, *Au jour le jour*, cité par Guy Goffette en exergue de son recueil hommage à Paul de Roux, *Tombeau du Capricorne*, 2009, repris chez Gallimard, « Poésie Gallimard », 2014, p. 251.

Venir à soi au miroir des autres

Le poète généreux, enraciné et ouvert, énergique et contemplatif qu'il a été, nous pourrions en trouver d'abondants témoignages. Là aussi, c'est au miroir des autres que Guy Goffette a su, au fil des années, composer son *personnage* de poète : cette figure que l'écrivain dessine et à laquelle il se raccroche en lieu et place du gouffre de doutes et de questions sans réponses qu'il est devant la page.

Tout se passe comme si l'on pouvait repérer un autoportrait transmis, çà et là, par le poète, à travers ce qu'il trouve de caractéristique chez ceux qu'il aime ou admire : dans les contours qu'il trace, à partir des émotions qu'il éprouve, l'observateur se dévoile autant qu'il dévoile. Les « yeux d'opéra » de Max Jacob sont aussi les siens, comme il est ce « petit homme grave, mais qui pleut en courant comme une averse d'été quand la terre a soif et que l'âme penche du mauvais côté », ce « petit saltimbanque » que l'on prend pour un bouffon « mais la déchirure de sa vie est dedans cachée sous un double fond[14] ». L'œil de baleine de ce « stoïque chantant[15] » qu'est Wystan Hugh Auden, c'est le sien, comme est sienne la définition de la poésie que porte cet œil si profondément tendre au malheur humain : « La fonction première de la poésie, comme de tous les arts, est de nous rendre plus conscients de nous-mêmes et du monde alentour[16]. »

« Il y a des amitiés invisibles qui ne se révèlent que dans la solitude la plus profonde »

Si André Frénaud le touche autant, c'est parce que sa question est la sienne : « Où m'atteindre, qui ne sais où je suis ? / Pourquoi je n'aime la voix que fêlée ? / Des yeux que ne vente plus aucun vent. / Ce n'est pas moi, c'est l'autre[17]. » Il arrive que l'autre soit plus proche de soi que soi-même ! Les bleus, les vides, les parenthèses noires[18], les doublures déchirées que l'on porte, sont autant de résistances à toute connaissance

14. G. Goffette, « Portrait de Max en accordéon », poème préface aux *Œuvres* de Max Jacob, Gallimard, « Quarto », 2012, pp. 12-13.

15. G. Goffette, *La mémoire du cœur*, *op. cit.*, p. 159. Auden, dans ce portrait, est aussi présenté comme « un lutin, un farfadet, un gai luron, pince-sans-rire et boute-en-train infatigable », autre point de jonction avec Guy Goffette.

16. W. H. Auden cité par Guy Goffette, *Auden ou l'œil de la baleine*, Gallimard, « L'un et l'autre », 2005, p. 163.

17. Vers d'André Frénaud, cités par Guy Goffette dans « André Frénaud, compagnon de captivité », *La mémoire du cœur*, *op. cit.*, p. 150.

18. « Parenthèse noire » est le titre de l'une des sections du recueil *Un manteau de fortune*, 2001, repris chez Gallimard, « Poésie Gallimard », 2014.

directe de soi. Et d'ailleurs que l'on puisse se comprendre par le biais de l'autre, c'est ce qui résulte d'une loi que les poètes connaissent bien : les êtres ne sont des îles qu'en apparence, il y a des amitiés invisibles qui ne se révèlent que dans la solitude la plus profonde. Norge l'a formulée, cette loi, dans *Cantique devant la mer*, dans un vers que Guy Goffette place en exergue de sa lecture de *Sous le signe de feu* d'Anne-Marie Kegels : « Nous sommes d'un grand amour qui n'admet point de séparation[19]. »

Même sa manière d'habiter le monde, la langue et son corps, soit ce qu'un homme a de plus personnel, Guy Goffette la peint ou la retrouve à travers l'autre – par exemple, Jean Grosjean, décrit comme l'enraciné, « toujours à battre les trente-six chemins de la Champagne pouilleuse », l'être qui porte partout avec lui sa province natale : « Il suffisait, *dis-je*, d'évoquer devant lui Valdahon, le Durgeon ou quelqu'un de par là-haut, pour que les yeux de cet homme-là se mettent à pétiller tel un champ d'étoiles et qu'une source soudain jaillisse de sa bouche, retrouvant d'emblée avec les mots les plus simples le parler et l'accent débonnaires des gens de l'est[20]. »

Le visage du dimanche

Dans certaines dédicaces de son récit *Presqu'elles*, Goffette utilise un néologisme pour parler de lui à la troisième personne : « De la part d'un presqu'il de fortune. » Un *presqu'il* : l'expression me paraît symptomatique d'une conscience de soi placée sous le signe du manque, de l'approximation chronique, de l'incomplétude. Sous l'abondance des vers, leur truculence, leur appétit de dire et de vivre, se profile une vacuité fondatrice. Dans le monde de Guy Goffette, la disparition, la chute et le deuil sont l'envers immédiat du don, de l'offrande, de l'apparition : « Tout offert, tout perdu, comme le prénom / du matin dans l'herbe déjà verte[21]. » La ponctuation du négatif accompagne toute manifestation de l'être, non pour en annuler la merveille mais pour la placer dans l'espace même du drame : on ne perd jamais de vue le tragique, même dans les joies les plus incandescentes. Dans le *tout offert, tout perdu*, se devine une pulsation fondamentale qui régit l'ensemble de cet univers.

19. Norge cité par Guy Goffette, *La mémoire du cœur*, *op. cit.*, p. 137.

20. G. Goffette, « Un silencieux intarissable, Jean Grosjean », *La mémoire du cœur*, *ibid.*, p. 120.

21. G. Goffette, *Le pêcheur d'eau*, « Voilà », 1995, p. 13.

Un *offert-perdu* qui, selon le principe de tangage et de réversibilité à l'œuvre dans ce grand drame joyeux sinistre qu'est le monde, peut se renverser à tout moment en un *perdu-offert* venant transfigurer « le petit train // qui nous emportait sans effort / à travers la bruyère des siècles » : « Comme le chien qu'on a enterré / et qui revient gratter à la porte // ou nous tirer par la manche / quand, débarrassé des horloges, // on roulait tranquillement sa bosse / avec Dedalus dans Dublin, renversait // sur le sofa la Karénine extasiée, / il arrive toujours un moment // où ce qu'on croyait mort, enfoui / derrière nos yeux, remonte à la surface // et vient brouiller les lignes des destins […][22]. »

« Rejoindre Emily Dickinson dans sa solitude, pas les poseurs dans leur théâtre »

Les lignes des destins se brouillent et se réinventent quand on se découvre contemporain de toutes les beautés, de toutes les merveilles, de tous les efforts poétiques surgis dans le temps pour empêcher que le monde des hommes ne devienne définitivement la proie du moindre et des équations sinistres. Rouler sa bosse avec James Joyce, pouvoir dire : « J'étais cet homme-là, Pierre, quand Marthe m'est apparue[23] » – à propos du peintre Pierre Bonnard –, pouvoir répondre aux signes partout où ils se trouvent : le souvenir de Joachim du Bellay à Paris, de Giacomo Leopardi à Recanati, d'Umberto Saba à Trieste[24]. Tous les signes ? Non, il y a des figures qui ne parlent pas, qui entraînent dans des voies qu'on n'empruntera pas : « Laissé tout seul Chateaubriand / sucer la mer à Saint-Malo / pour une amazone criant / à bride abattue sur mes os[25]. » L'être au monde façon grand paon, très peu pour lui. Ce qu'il faut à ce cœur, c'est la force des humbles, la patience des blessés. Rejoindre Emily Dickinson dans sa solitude, pas les poseurs dans leur théâtre : « Laide est la petite cuisinière / mais elle touche le ciel / entre la planche à pain / et le panier de linges[26]. »

Les livres ne mènent pas n'importe où hors du monde et il faut redire avec Arthur Rimbaud, contre les mirages ineptes, qu'*on ne part*

22. G. Goffette, « Le seul jardin, III », *L'adieu aux lisières*, *op. cit.*, pp. 21-22.

23. G. Goffette, *Elle, par bonheur, et toujours nue*, Gallimard, « L'un et l'autre », 1998, p. 149.

24. Respectivement, dans *Paris à ma porte* (Gallimard, 2023, pp. 57-58), *L'adieu aux lisières* (*op. cit.*, p. 74) et *Éloge pour une cuisine de province* (*op. cit.*, pp. 142-144).

25. G. Goffette, « Carte postale à Henri Droguet », *L'adieu aux lisières*, *op. cit.*, p. 69.

26. G. Goffette, « Emily Dickinson », *Éloge pour une cuisine de province*, *op. cit.*, p. 83.

pas[27]. Que la vertu des poèmes est de nous ancrer toujours davantage dans la terre des hommes pour y faire naître des espoirs, des libertés improbables, des désirs plus grands que les défaites auxquelles l'Histoire les force à adhérer. Les poètes n'en auront jamais fini avec le salut, la création, l'amour plus fort que la mort : « Si l'on pouvait rien qu'une fois / prononcer des mots définitifs / comme ceux qui séparent les eaux / guérissent ou ressuscitent les morts // – et le voisin tout à coup retrouve / son visage du dimanche et s'étonne / du mur qu'il a dressé entre nous / pour être seul avec lui-même[28]. »

Redonner aux hommes leur « visage du dimanche » : le vieux sacerdoce poétique n'est pas mort, il a seulement renoncé aux hauteurs impraticables, à la facilité des envols. C'est avec la boue et l'encre des jours qu'il se façonne, cahin-caha.

* * *

À l'origine de sa vocation, le poète exhume ce qu'en psychanalyse on appellerait une scène première. Dans l'écheveau du destin, Guy Goffette remonte à un moment, à une figure sans nom, bienfaisante, celle de l'épicière. Dans un de ses poèmes les plus attachants, la découverte des livres est associée, significativement, à l'acte de chapardage : « J'ai contracté l'amour des livres / chez une épicière à l'ancienne / pommes de terre en sacs par terre / petits pois tout secs écossés / cafés en grains, fruits et légumes / et puis ces belles bonbonnières / sur le comptoir où les petits / chenapans plongeaient une main / quand l'épicière se tournait / pour prendre sur les rayonnages / le miel blond ou la chicorée[29]. » La main plongée dans l'illicite : pas la transgression ou le pacte faustien, mais l'écart joyeux, l'incartade infime, la désobéissance dans le rire. La poésie est ce qui fait mentir la loi, l'esprit qui résiste à la lettre, le presque rien qui empêche les comptes de tomber juste, la rouille qui émousse le couperet des fatalités. Le vol qui, lui seul, ne peut pas être volé – car « ce que tu as bien aimé ne sera pas volé[30] ».

---

27. Guy Goffette place cette phrase de Rimbaud en exergue d'une série de poèmes consacrés au poète d'*Illuminations* dans *Un manteau de fortune* (*op. cit.*, p. 17).

28. G. Goffette, « Les poètes », *L'adieu aux lisières*, *op. cit.*, p. 64.

29. G. Goffette, *L'adieu aux lisières*, *ibid.*, p. 101.

30. Vers d'Ezra Pound cité par Guy Goffette dans *Mariana, portugaise*, Gallimard, 2014, p. 49.

Quand la poésie a été menacée de s'enfermer dans son propre sérieux, quand elle a failli mourir dans une sécheresse et une « répétition monocorde[31] » érigée en vertu, Guy Goffette est venu, dans le sillon des Verlaine, Jammes, Guillevic, Réda, l'incarner comme la liberté de n'appartenir à aucune chapelle, aucun clan, mais une confrérie éparse dans le temps, aux lisières de l'anonyme. Il n'est pas fortuit, en ce sens, que, dans son dernier recueil publié, *Paris à ma porte*, le poème croise la ritournelle, l'air des rues, la chanson sans auteur : « Il était dans mon quartier / Pirouette (*bis*) / Dans ce quartier singulier / Une rue fort mal embouchée (*bis*)[32]. »

Emmanuel GODO

31. Guy Goffette désigne ainsi une tendance de fond de la poésie des années 1980 (*La mémoire du cœur, op. cit.*, p. 253).

32. G. Goffette, *Paris à ma porte*, *op. cit.*, p. 51.

98e RENCONTRE DES SEMAINES SOCIALES DE FRANCE
Pourquoi allons-nous travailler ?
ssf-fr
12 OCTOBRE À REIMS
23 & 24 NOVEMBRE À PARIS ET EN LIGNE
en partenariat avec
LA CROIX
ICP
INSTITUT CATHOLIQUE DE PARIS
Secours Catholique
Caritas France
ÉTVDES
kto
La Vie
LA PROCURE
Libraires depuis 1919
LE PELERIN
projet
RADIO NOTRE DAME
RCF
Semaines Sociales de France

CHRONIQUE

d'Emmanuel Godo

Poète, écrivain et essayiste, professeur de littérature en classes préparatoires au lycée Henri-IV (Paris).

L'imprévisible féerie

À trop vouloir affirmer le sens de ce que nous faisons, de ce que nous sommes, nous enjambons parfois ce qui est pourtant notre lot quotidien : les hésitations, les doutes, la fragilité extrême de ces choses auxquelles nous consacrons nos existences. Nous nous réfugions dans les formules, nous les opposons à la nuit qui nous guette, au mot exact qui se dérobe, à cette vérité qui, comme dans un jeu cruel ou un rêve, se déplace à mesure qu'on croit s'approcher d'elle.

Les poètes n'échappent pas à cette loi. Tout au plus pourrait-on dire que, eux, s'attardent à considérer ces riens, ces pans de vie qui s'érodent, ces scintillements improbables qui viennent hanter le bout de notre langue comme des signes de la plus haute importance. Là où le monde nous hurle, de toutes parts, de passer notre chemin, les poètes se donnent à des lenteurs venues d'un autre temps. À des inerties, des sortes de grandes immobilités hors d'âge, inactuelles comme dans ces vers de Boris Pasternak : « Mes amis, c'est quel siècle / À présent dans notre cour ? »

On entre dans leurs livres comme dans des maisons de province, des pays oubliés du galop désespéramment fou de l'histoire présente. Tout y est, plus ou moins, de guingois. La poussière, les vieilles larmes, comme le pauvre de toujours, ont leur couvert mis. On en ressort avec, au cœur et à l'esprit, un souffle où revivre.

Les poètes, je les vois comme des sortes de facteur Cheval qui ramassent, dans les cahots du vivre, ce que personne ne regarde plus : les bouts de ficelle, les apnées du soleil, les clés orphelines sur le sol, la rêverie aux lisières. Et ils en font ? Des raisons d'espérer.

Cela tient à si peu, un poème, quelques brindilles tressées, trois légers coups d'ongle sur l'argile, un murmure qui s'arrête au seuil du chant. Un pas de trop et le bavardage aurait le dernier mot. Le sempiternel détrousseur des bords de route.

Chez Eugenio de Signoribus, même les titres sont entre parenthèses, comme pour ne pas imposer une signification de plus – nous en sommes saturés jusqu'à l'écœurement ! Comme dans le poème « (autres voix) » : « On peut ignorer le chœur provisoire / et écouter l'hiver souterrain // il n'y a pas de rêves chez les morts ils parlent / sans arrêt, prennent notre voix // l'écho circule sur les veines aqueuses, fume, / et la langue est visitée par la neige[1]... »

Rien qu'avec ces six vers, on a de quoi réinventer notre rapport au temps et accueillir enfin ce qui mérite de l'être. Et qui se présente à nous sous un jour souvent dérisoire, parfois imperceptible. Il y a, chez le poète, des ténacités d'enfant, abyssales, un côté âne mal bâté qui s'arrête plus que de raison vers l'autre côté des choses, sur ce qui n'intéresse personne, ce qui n'a pas de valeur immédiatement monnayable. Étienne Paulin nous le rappelle dans un recueil au titre à faire tomber de leur chaise tous les censeurs confits de sérieux : *Le Bourriquet Vlan-Vlan* (Éditions Henry, « Les écrits du Nord », 2024).

Le Bourriquet Vlan-Vlan ne brait pas pour faire rire mais pour nous signaler tous les endroits où la vie commence. Là où se laisse entendre son « Vibrato » : « Un jour quelque chose t'arrive, si terrible que rien. Alors on croit ta vie locale, on note que tu entends comme un autre les cloches qui sont au loin, le bruit des oiseaux, des ormeaux, des ciseaux, et puis le son du vent. On devine mal, on ne veut pas du véritable autrui. La vie fuse et c'est après. »

Le poète serait la figure exemplaire de l'autrui véritable, qui déjoue l'ordre que construisent les sociétés mortes pour ne plus être dérangées par l'imprévisible féerie.

Gilles Baudry la raccorde, cette féerie des pauvres choses, à la possibilité du Royaume : « Devenu un allié / le temps t'accorderait audience / un rien / et tout en toi ferait événement : / la carafe qui se pousse du col / l'enfant / qui fait l'inventaire de ses doigts / le chant fêlé d'une bouilloire / le mille-pattes de la pluie sur les carreaux // Dans l'amitié des heures et du pollen / des choses minuscules / tu mettrais dans l'attente / tant d'attention que la menace / prendrait le goût de la promesse / et ton regard perdu / dans les lointains se poserait là-bas / sur les rivages inconnus filigranés / du Royaume à venir[2]. »

---

1. Eugenio de Signoribus, *Isthmes et écluses (1989-1995)*, traduit de l'italien par Thierry Gillybœuf, éditions Rehauts, 2024, p. 33.

2. Gilles Baudry, *Le chant du balancier*, Ad Solem, 2024, p. 55.

Les retables de Fabienne Verdier, sommet de son art

« ***Fabienne Verdier, retables*** », galerie Lelong, 13, rue de Téhéran et 38, avenue Matignon, 75008 Paris, jusqu'au 31 octobre.

Stéphane Custot, **Jean Frémon** et **Stéphane Lambert**, *Fabienne Verdier, retables* (catalogue), Galerie Lelong, 2024, 236 pages, 140 illustrations, 45 €.

Alexandre Vanautgaerden (éd.), *Écho, Fabienne Verdier, Carnets d'atelier (2017-2022)*, Éditions 5 continents, 2023, 384 pages, 168 illustrations, 49 €.

Fabienne Verdier expose à Paris, puis à Londres, ses retables, revisitant cet art médiéval en le nourrissant de la spiritualité vibratoire venue d'Extrême-Orient.

■ Depuis dix ans, le champ de création de Fabienne Verdier ne cesse de s'approfondir et de s'élargir. Combien de peintres, d'artistes, sont-ils capables comme elle d'évoluer en quelques années d'un hommage aux maîtres flamands (2013) aux harmoniques sur Paul Cézanne (2019), d'une série stupéfiante après la pandémie, intitulée *Vortex* (musée Unterlinden, Colmar, 2022) à la création de vitraux (pour Nogent-sur-Seine) ? Aujourd'hui, l'artiste emprunte la forme du retable, qu'elle a longuement fréquentée à Colmar précisément, lors de la nouvelle installation du *Retable d'Issenheim* (1516) de Matthias Grünewald, après sa restauration.

L'exposition que consacre Jean Frémon, président de la galerie Lelong, à Fabienne Verdier, juste avant celle de Londres à la galerie Waddington Custot, du 11 octobre au 9 novembre, révèle son nouvel et fantastique ensemble : *Retables*, auquel la peintre a travaillé depuis deux ans. Dans le prologue du catalogue, Jean Frémon rappelle l'histoire du retable : depuis le IXe siècle, il était utilisé à la présentation de reliques puis de peintures ou de sculptures « à l'arrière de la table d'autel des églises. De là sa dénomination : *retro tabula altaris* ». Composés d'un panneau central et de deux volets latéraux, les retables, une fois ouverts, forment un triptyque. La grande force de Fabienne Verdier est de s'affranchir de toute figuration, pour créer, d'un geste vigoureux et souverain, des signes intenses rejouant un drame. Plus encore que dans ses *Vortex*, elle convoque ici tout ce qui l'habite de façon inextinguible depuis des décennies, de l'ordre du spirituel, peut-être du religieux, du sacré… de l'universel.

expositions

Peu de peintres contemporains se sont confrontés au format du retable à part Mark Rothko, dans la lignée duquel se situe Fabienne Verdier. Maîtresse de l'art ondulatoire, comme on l'a vu dans ses *Vortex*, elle imprime à ses retables une énergie vibratoire, jouant des contrastes de couleurs, qui se matérialisent comme un corps sonore et presque tactile. « L'œil écoute » la musique picturale de l'artiste.

Seize retables, cinq « tableaux promeneurs » et quelques autres œuvres sont présentés durant deux mois. L'exposition s'ouvre sur un retable dont les deux panneaux latéraux sont fermés pour ne laisser contempler que la peinture centrale : trois traits blancs sur un fond bleu, une cascade immaculée. On y retrouve la puissance du souffle vital de la chute de la cascade, dont François Cheng ou André Malraux parlent avec profondeur, celui du *Ch'i* (ou du *Ki* en kanji japonais comme en hangûl coréen) ; Malraux y voyait même un mouvement ascensionnel : la cascade monte. Avec les traits de pinceau horizontaux du retable *Danser le jour, danser la nuit*, cet ensemble forme un chef-d'œuvre. Chez Fabienne Verdier, une force tellurique se dégage, non moins saisissante que celle du retable placé au centre de la chapelle Rothko, qui vient de son propre *Ch'i*, de son souffle qui allie une puissante spiritualité à une virtuosité artistique exceptionnelle.

Le titre des œuvres de Fabienne Verdier permet d'imaginer une histoire : *Aux rivages heureux*, *Randonnées sur les hautes cimes*, *Un ciel plein de force tourbillonnaire*, *L'hymne à la nuit*, *Être deux*.

Les *Carnets d'atelier* de l'artiste témoignent de la richesse impressionnante de sa personnalité comme de l'étendue de ses connaissances : Fabienne Verdier dialogue aussi bien avec les arts d'Asie et de l'Occident qu'avec la musique de toutes les époques, la neurophysiologie et la physique ondulatoire ; dans ses carnets, Iannis Xenakis et Arnold Schönberg voisinent avec Pascal, Maître Eckhart avec le peintre bonze japonais Fūgai Ekun et Rûmî, le poète soufi, avec le poète juif Edmond Jabès.

■ Michaël de Saint Cheron

La bédé sort des cases

« La BD à tous les étages », Centre Pompidou (*www.centrepompidou.fr*), place Georges-Pompidou, 75004 Paris, jusqu'au 4 novembre.

Thierry Groensteen, **Lucas Hureau**, **Anne Lemonnier** et **Emmanuèle Payen** (dir.), *Bande dessinée, 1964-2024* (catalogue), Éditions du Centre Pompidou, 2024, 296 pages, 45 €.

Anne Lemonnier (dir.), *La bande dessinée au musée* (catalogue), Éditions du Centre Pompidou, 2024, 72 pages, 25 €.

Benoît Peeters, *Un art neuf : la bande dessinée*, Collège de France – Fayard, « Leçons inaugurales », n° 313, 2023, 88 pages, 12 €.

Hugo Pratt et **Patrizia Zanotti**, *Corto Maltese, une vie romanesque* (catalogue), Casterman – Éditions du Centre Pompidou, 2024, 144 pages, 25 €.

À Paris, au Centre Pompidou, la programmation d'envergure « La BD à tous les étages » se déploie dans l'ensemble des espaces de l'institution et constitue une célébration unique du neuvième art.

■ Depuis quelques années, la bande dessinée fait l'objet d'une réelle reconnaissance (voir, dans ce numéro, pages 117-118), marquée par un certain nombre de manifestations importantes. Alors que le ministère de la Culture célébrait « L'année de la BD » en 2020, l'une des marraines de l'événement, Catherine Meurisse, était élue à l'Académie des Beaux-Arts et faisait simultanément entrer sa discipline sous la Coupole, dès 2021. Professeur invité au Collège de France dans le cadre de la chaire annuelle « Création artistique » en 2022-2023, le scénariste et théoricien Benoît Peeters avait, quant à lui, dispensé un cycle de cours sur la bande dessinée dans la prestigieuse institution. Dans ce processus de légitimation, l'événement « La BD à tous les étages », regroupant trois expositions, constitue lui aussi une étape capitale, avec une présence du neuvième art dans l'ensemble des espaces du Centre Pompidou. En partenariat avec le Fonds Hélène et Édouard Leclerc, la manifestation inédite explore donc la bande dessinée dans la diversité de ses modes d'expression et propose une immersion dans les univers emblématiques du genre. Institution pionnière dans la démarche de reconnaissance de la discipline, le Centre Pompidou avait déjà proposé des expositions comme « Bande dessinée et vie quotidienne » dès 1977, « Héros de papier, les récits complets des années 1950 » en 1988 et « Hergé » en 2006.

Au sixième niveau du Centre Pompidou, l'exposition « Bande dessinée, 1964-2024 » frappe d'emblée par sa capacité à révéler la puissance des imaginaires et la palette des techniques. Autour de douze thématiques, elle réussit le tour de force de mettre en perspective les foyers d'expression majeurs de la discipline, de la création européenne aux *comics* américains, en passant par les mangas asiatiques. Tandis que la collection du Musée national d'art moderne du Centre Pompidou ne comporte que deux œuvres liées à la bande dessinée (une planche de *L'affaire Tournesol* d'Hergé et un ensemble de dessins de Robert Crumb), 750 planches originales signées de 130 auteurs et autrices sont présentées dans l'accrochage. En dépit de son titre, l'exposition ne s'inscrit pas dans un ordre chronologique, mais choisit de réunir des thématiques, liées à des émotions telles que le rire ou le rêve, mais aussi à des sujets de réflexion comme l'écriture de soi.

Le parcours s'ouvre au tournant des années 1960, à un moment d'émergence d'une contre-culture, qui sort la bande dessinée de son statut de divertissement pour la jeunesse et revendique la possibilité de s'adresser à un public adulte. Point de départ d'une incursion dans soixante ans de bande dessinée, l'année 1964 est aussi celle où le terme « neuvième art » est inventé. Du magazine français *Hara-Kiri* au japonais *Garo*, en passant par le *Zap Comix* de Robert Crumb, la première salle représente une plongée dans la bande dessinée *underground*. Mais l'exposition établit un véritable dialogue entre des auteurs et autrices très divers, en révélant le processus créatif du chef-d'œuvre d'Art Spiegelman, *Maus*, ou en donnant à voir la suite de Lorenzo Mattotti inspirée par Bob Dylan. Par ailleurs, une section est consacrée à ce que Rodolphe Töpffer appelait la « littérature en estampes » dans les années 1830, qui confronte la bande dessinée aux grandes œuvres de la littérature écrite : à travers les adaptations de dessinateurs comme Alberto Breccia ou Dino Battaglia ou les relectures très personnelles de *Madame Bovary* par Posy Simmonds, l'enjeu complexe de la transposition d'une œuvre apparaît clairement.

À l'étage du dessous, l'exposition « La bande dessinée au musée » interroge également les correspondances entre des œuvres, qu'il s'agisse de celles issues des collections de Beaubourg ou des planches d'auteurs et autrices de bédés. Dans un dialogue ouvert avec des chefs-d'œuvre du musée, une quinzaine d'entre eux expérimentent le face-à-face : parmi les duos, on remarquera notamment Balthus et Blutch, André Breton et David B., Henri Matisse et Philippe Dupuy ou encore Theo van Doesburg et Chris Ware. Dans les autres étages du Centre Pompidou, l'exposition « Corto Maltese, une vie romanesque » à la Bibliothèque publique d'information, les « tentes têtes » et le campement nomade de l'autrice et illustratrice Marion Fayolle, ainsi que la carte blanche à la *Lagon Revue*, font perdurer l'enchantement.

Christophe Rioux

Disclaimer

d'**Alfonso Cuarón**, série américaine et britannique (sept épisodes de 50 minutes), avec Sacha Baron Cohen, Cate Blanchett, Leila George, Kevin Kline, Lesley Manville, Louis Partridge, Kodi Smit-McPhee, Indira Varma... • Sur Apple TV+

■ Que sait-on de la vie des autres ? Que connaissons-nous réellement de l'existence de ceux qui partagent la nôtre ? Des secrets, de la douleur, de l'intégrité de l'épouse et du mari que l'on juge acquise, de l'âme de l'enfant dont on pense tout saisir ? Rigoureusement rien, assène la nouvelle minisérie d'Alfonso Cuarón. Le réalisateur mexicain (*Gravity* [2013], *Roma* [2018]) s'est, au fil des années, imposé comme un grand cinéaste de l'intime et de la cellule familiale aux prises avec des situations extrêmes. Dans *Disclaimer*, la famille est un épais nœud de souffrances. Tout commence par un livre que reçoit Catherine Ravenscroft (Cate Blanchett), dont la lecture vient littéralement tordre les entrailles. Car le livre mystérieux relate sa propre histoire, faisant rejaillir un secret trop longtemps enfoui. Mais Catherine n'y est qu'un personnage et l'absence de son point de vue vient hanter le récit du livre qui se déploie à l'écran jusqu'à ce que le malaise en devienne suffocant.

Construisant le récit par morcellements d'images et de voix alternées, Cuarón questionne avec finesse la légitimité de l'artiste à s'emparer d'une vie autre que la sienne. Il interpelle sur la propension funeste de la société à juger les autres sans en avoir les clés d'analyse. La mise en scène s'abstient avec brio de porter un jugement sur le personnage féminin alors même que Catherine subit les assauts d'une misogynie banale et généralisée. Le cinéaste montre la rapidité avec laquelle la parole des femmes est, non pas discréditée, mais empêchée par la prépotence de celle des hommes. Mais les images parlent, parsemées d'indices (lumière léchée, costumes révélateurs), jouant de stéréotypes narratifs (le fantasme érotique du candide et de la femme fatale) et sociétaux (mères indignes, saintes et putains) auxquels les femmes ont vite fait d'être cantonnées.

Le plus impressionnant dans *Disclaimer* repose sur la façon dont le cinéaste véhicule la propagation de la haine qui envahit les corps, tel un virus. Le mécanisme du non-dit vient nourrir la douleur et celui du non-voir attise le ressentiment et le désir irrépressible de châtier ceux que l'on juge coupables. Si le thème de la vengeance est aujourd'hui une banalité cinématographique, il a rarement été ainsi mis en évidence. Il n'est donc guère surprenant de retrouver ici la lumière grisée, presque cendreuse qui irradiait le récit violent des *Fils de l'homme* (2006). Si la vengeance est aussi laide et aussi sale, c'est que la culpabilité est souvent l'affaire de plusieurs, de celles et ceux qui n'ont pas voulu voir, pas voulu comprendre. Mais est-ce véritablement aimer que de fermer les yeux face à la violence de ceux qu'on chérit ? Dans la vie comme dans l'art, il faut savoir regarder, démontre Cuarón. C'est d'ailleurs bien là que *Disclaimer* dissimule la clé de son mystère, dans un regard lancé vers une mer agitée, en écho à la scène de sauvetage sur la plage dans le splendide *Roma*. Comme un miroir dont l'image, ici cruelle, montre un reflet inversé mais tout aussi déchirant.

■ Elsa Colombani

Ni chaînes ni maîtres

de **Simon Montaïrou**, film français (1 h 38), avec Camille Cottin, Benoît Magimel, Ibrahima Mbaye Tchie, Anna Diakhere Thiandoum… • En salles

■ En 2023 et 2024, le genre du film d'aventures a refleuri au sein du cinéma français avec deux adaptations littéraires d'Alexandre Dumas : *Les trois mousquetaires* (deux films, 2023) de Martin Bourboulon et *Le comte de Monte-Cristo* (2024) de Matthieu Delaporte et Alexandre de la Patellière. Le succès des trois films repose notamment sur une narration riche en coups de théâtre, inspirée du format de la série télévisée, et sur une mise en scène épique parmi des décors somptueux, qui ne parvient pourtant pas à dépasser l'horizon du pur divertissement. *Ni chaînes ni maîtres*, film de survie situé au XVIIIe siècle, tourné à l'île Maurice avec les stars Benoît Magimel et Camille Cottin à l'affiche, participe au renouveau de ce spectaculaire à la française tout en conservant son identité de film d'auteur. Ce premier long-métrage rend voix aux marrons esclavagisés par la France et révoltés contre l'autorité des blancs (comme la résonance anarchiste du titre l'annonce). En 1759, sur l'île Maurice, Massamba (Ibrahima Mbaye Tchie) est l'esclave responsable de la plantation d'Eugène Larcenet (Benoît Magimel). Il renie sa culture d'origine dans l'espoir d'être affranchi avec sa fille Mati (Anna Diakhere Thiandoum). À travers leurs points de vue, la première partie du film révèle les tortures qui accompagnent le Code noir avec une grande précision historique. Les gros plans récurrents sur les peaux noires lacérées de coups de fouet trouvent une puissante portée symbolique, tant ils rappellent à eux seuls le martyre des noirs esclavagisés par la France. Simon Montaïrou souligne également l'usage instrumental de la religion catholique dans ce contexte colonial, grâce au personnage de Madame La Victoire (Camille Cottin), une « chasseuse » professionnelle de marrons (qui a vraiment existé), qui invoque sa foi pour donner sens à sa cruauté.

Le grand talent de ce cinéaste, scénariste de longue date, passionné d'Histoire, est ainsi de mêler un discours engagé et poétique à l'odyssée haletante de Massamba. La fuite des protagonistes se teinte d'actualité : elle renvoie métaphoriquement à celle de tous les réfugiés d'aujourd'hui – en témoigne une scène de plage couverte des cadavres des marrons qui ont tenté de prendre la mer. La jungle, terrain d'une traque sanglante, est en même temps une terre mystique où les arbres, peuplés par les esprits, deviennent des objets de contemplation comme dans les films du cinéaste malien Souleymane Cissé. Montaïrou fait entendre la langue des marrons, donne des noms à leurs divinités, rappelle l'importance des diverses ethnies africaines qui ont peuplé l'île Maurice – les Bambaras, les Peuls, les Wolofs. Alors que le film semble avoir touché à sa fin, il ménage une longue pause où l'on découvre un rituel d'accueil solennel. Les visages des marrons y resplendissent longuement dans le contre-jour, tels des masques sacrés. C'est le plus beau coup de force de ce cinéaste prometteur, aussi insoumis que ses personnages, qui croise les références à Francis Ford Coppola, Werner Herzog mais aussi Aimé Césaire : il célèbre avec érudition, au cœur d'un cinéma grand public, la noblesse et la beauté de la culture africaine.

■ Juliette Goffart

L'histoire de Souleymane

de **Boris Lojkine**, film français (1 h 33), avec Nina Meurisse, Alpha Oumar Sow, Abou Sangare… • Sortie le 9 octobre

■ En suivant une cadence infernale, Souleymane (Abou Sangare) livre des repas dans tout Paris et traverse, sur son vélo, les rues bondées de la capitale. Chaque soir, il a rendez-vous à la station de métro Jaurès afin de bénéficier d'un hébergement d'urgence, où il doit réserver son lit et son repas tous les matins. Du lever du soleil à la tombée de la nuit, rien ne lui est offert, et Souleymane doit se battre pour survivre dans un environnement qui lui est hostile à bien des égards. Migrant originaire de Guinée Conakry, on ne sait rien des raisons exactes qui l'ont amené à se faire louer un compte de livraison en ligne en attendant d'obtenir le droit d'asile et, avec lui, le droit d'obtenir légalement un travail. Car, entre deux courses à vélo, Souleymane apprend par cœur une histoire qui n'est pas la sienne : en prévision d'un rendez-vous fatidique avec les services en mesure de lui accorder (ou non) son droit à l'asile, il paie les services d'un conseiller guinéen qui lui recommande de se présenter comme un opposant politique ayant été persécuté au pays. « L'histoire » de Souleymane est un récit au sens premier du terme : elle est écrite et récitée à la manière d'un conte ou d'une prière et il revient au jeune homme d'apprendre en quelque sorte son texte, comme un comédien révisant chacune de ses répliques en amont d'une représentation qui pourrait changer sa vie.

Réalité et fiction s'entremêlent ainsi dans le film de Boris Lojkine, qui reprend une partie de la vie de son acteur principal, Abou Sangare (lui aussi migrant guinéen, lui aussi en quête d'un refuge en France), et qui s'articule autour d'une tension permanente entre vérité et mensonge.

« Toi, t'es pas un menteur », affirme par exemple l'un des proches de Souleymane en le regardant droit dans les yeux, sans se douter que celui-ci compte obtenir l'asile à partir d'un script. La mise en scène de Lojkine fait dans cette perspective office de belle synthèse, en épousant un style immersif et réaliste, avec une caméra portée très remuante, mais aussi impressionniste, avec un recours important au flou et au montage fragmenté. En témoigne notamment la constellation de sources lumineuses (gyrophares, feux de signalisation et autres lampadaires) qui tapissent la ville et renvoient à une approche ultraréaliste de l'espace urbain, tout en évoquant l'éclairage artificiel d'une scène de théâtre avec, en son centre, Souleymane. Cette prison de lumière se présente ici comme une réminiscence du passé du jeune homme qui, en effectuant des recherches sur les pénitenciers guinéens où sont enfermés les opposants politiques, se voit intérieurement ramené aux geôles libyennes où il a été lui-même emprisonné. Car il a beau arpenter les rues de la ville et être toujours en mouvement, il reste piégé par sa situation autant que par son silence, au même titre que ses camarades de course, eux aussi migrants, eux aussi plongés parfois dans un déni en forme de refuge. « L'histoire » de Souleymane est ainsi celle d'un homme qui cherche encore à sortir de prison. Seul le partage de son véritable récit pourra l'en libérer.

■ Corentin Lê

Anora

de **Sean Baker**, film américain (2 h 19), avec Yuriy Borisov, Mark Eydelshteyn, Karren Karagulian, Mikey Madison, Vache Tovmasyan… • Sortie le 30 octobre

■ Après Beatrix Kiddo (*Kill Bill*, 2003-2004) ou Katniss Everdeen (*Hunger games*, 2012-2023), Anora dite Ani (Mikey Madison) incarne une nouvelle figure de dure à cuire dans ce film sacré Palme d'or au festival de Cannes 2024. Américaine d'origine ouzbèke, elle se tue à la tâche comme *strip-teaseuse* et *escort* dans une boîte de nuit de Brooklyn. Son corps de rêve, son ardeur, sa gouaille et sa connaissance de la langue russe lui permettent d'accéder au monde des riches quand son patron lui confie le fils d'un oligarque. Sean Baker (*Tangerine, Red Rocket*) ne se contente pas d'opposer les univers : la boîte de nuit et la villa de béton rivalisent de gigantisme *bling bling*. Son point d'accroche et son obsession au long de ce conte de fées hybride sont de confronter le labeur des uns à l'oisiveté des autres. Ani enchaîne les clients comme sur une chaîne de montage et commente leurs gestes et fantasmes tordus avec une consœur pendant les pauses, avant de s'effondrer de fatigue au matin. Son rythme contraste violemment avec celui d'Ivan Zakharov (Mark Eydelshteyn) qui concentre l'énergie de ses 20 ans à jouer aux jeux vidéo et à se droguer, tel un chien fou et gâté dégradant le mobilier et les équipements de luxe pour le plaisir obscène de laisser le petit personnel nettoyer. À cet égard, la scène où la fille de ménage passe l'aspirateur sous ses jambes tandis qu'il se tortille pour ne pas perdre de vue l'écran géant, Ani alanguie sur son torse, est édifiante. Il y a plus qu'une parenté de classe entre les deux jeunes femmes. Il en est de même avec les trois sbires arméniens chargés de surveiller Ivan : les bandits ne sont pas ceux qu'on croit.

Les ultrariches (russes de surcroît) sont les plus étrillés dans cette fable qui maquille en film d'action une satire corsée, y compris dans la scène centrale et survoltée où les sbires font irruption chez Ivan. En acceptant d'épouser l'héritier à Las Vegas, Ani signe moins pour un mirage amoureux que pour des vacances dans des palaces avec un client amusant. Quand les molosses débarquent pour faire annuler l'union, la belle devient furieuse, se bat comme une lionne, menace de tout casser. Anti-Barbie dont elle campe une sorte de diapositive inversée, tarentinesque jusqu'à la jubilation, Ani cogne les hommes de paille que Baker se complaît à montrer l'un conciliant (Toros, joué par Karren Karagulian), l'autre geignard (Garnick, joué par Vache Tovmasyan) et le dernier sensible (Igor, joué par Yuriy Borisov). Contrainte de pactiser pour retrouver Ivan en fuite, elle les suit dans une poursuite burlesque entre Brighton Beach, Coney Island et Manhattan. Auprès de ce gang guignol qui semble égaré dans un Sidney Lumet hivernal des années 1970, Ani s'assombrit à mesure que la lucidité la rattrape. Le personnage le plus surprenant, après cette Cendrillon revisitée, est Igor, un gaillard faussement bête qui roule dans la voiture de sa grand-mère et ne répond à aucune agression de la jeune femme. Au contraire, il s'obstine à l'apaiser voire à la comprendre, digne enfant de *#MeToo* et d'immigrés, fermement décidé à éviter les pièges que lui tendent patron, femme, société et scénario.

■ Ingrid Merckx

Flow, le chat qui n'avait plus peur de l'eau

de **Gints Zilbadolis**, film d'animation letton (1 h 25), à partir de 8 ans.
• Sortie le 30 octobre

■ Contrairement à l'habitude, la dernière édition du Festival de Cannes a été plutôt faste en matière de cinéma d'animation avec *La plus précieuse des marchandises* de Michel Hazanavicius qui concourait pour la Palme d'or et *Anzu, chat-fantôme* de Yôko Kuno et Nobuhiro Yamashita, sélectionné à la Quinzaine des cinéastes. Présenté à « Un certain regard », *Flow* de Gints Zilbalodis s'inscrit d'emblée dans la filiation de Hayao Miyazaki en s'ouvrant sur une poursuite effrénée dans les bois qui rappelle la scène d'introduction de *Princesse Mononoké* (1997). On retrouve l'héritage d'un cinéma animiste dans cette fable perçue exclusivement à travers le regard d'un chat.

S'agit-il d'un rêve ou d'un cauchemar ? Le petit chat noir qui se réveille au début de ce deuxième long-métrage du cinéaste letton se retrouve dans un monde recouvert par les eaux. L'arche qui se présente à lui de façon providentielle n'est pas conduite par un patriarche cherchant à sauvegarder les espèces : le cataclysme n'a épargné aucun spécimen humain. Sur cette barque, le chat navigue, tantôt porté par les flots, tantôt dirigeant lui-même le gouvernail, rares instants où *Flow* s'autorise une légère anthropomorphisation dans un récit toujours placé à hauteur d'animal. Le film ne suivra pas la trajectoire habituelle du genre apocalyptique sur lequel il s'ouvre. Dans cette fable darwiniste, le chat s'habitue rapidement à son nouvel environnement et ne craint pas la mort. Si la raison de cette catastrophe n'est jamais évoquée, c'est que *Flow* s'intéresse davantage à la façon de lui survivre. Pour le chat, c'est en s'alliant à un gros chien fou, à un capybara (la plus grosse espèce de rongeur existante) et à un lémurien catta obsédé par les possessions qu'il va réussir à naviguer.

L'animation 3D permet au cinéaste de recomposer un monde d'un troublant réalisme mais hors de toute vraisemblance, faisant de ses décors des petites Venise noyées de canaux et rendant mitoyens des univers que rien ne semble relier, comme les différents niveaux d'un jeu vidéo. Cet autodidacte qui a réalisé en solitaire ses sept courts-métrages et son premier long-métrage, *Ailleurs* (2020), utilise aussi son histoire apocalyptique comme une mise en abyme, celle de son apprentissage contre-nature du travail en équipe, donnant au récit écologique une portée plus large.

Avec une confiance affirmée dans son style allusif, *Flow* ne dit rien du culte étrange voué à des divinités félines dont on voit les statues monumentales implantées un peu partout. Pourtant, cette évocation suffit à projeter ce monde dans un futur assez lointain du nôtre. *Flow* navigue ainsi, libre de toute référence à la culture humaine, comme un flux continu qui éclate les dimensions habituelles de l'espace, plongeant dans les profondeurs quand le chat tombe de l'embarcation ou prenant l'immensité du ciel pour scène lorsqu'il grimpe au mât pour échapper à la submersion. Courant de pensée d'un chat en action, *Flow* déconcerte tout ce que nos habitudes peuvent connaître (sans paroles, ni explications) pour faire appel à nos pures sensations. Il nous invite à décentrer notre regard anthropocentré pour observer le monde plus profond, plus haut et plus vaste.

■ Raphaëlle Pireyre

Le secret d'État existe-t-il toujours ?

Sébastien-Yves Laurent, *État secret, État clandestin : essai sur la transparence démocratique*, Gallimard, « NRF essais », 2024, 360 pages, 22,50 €.

Paul Charon et **Jean-Baptiste Jeangène-Vilmer** (dir.), *Les mondes du renseignement, Approches, acteurs, enjeux*, Presses universitaires de France, 2024, 400 pages, 35 €.

Quelle est la place du secret d'État en démocratie ? L'exigence de transparence doit-elle primer les raisons de la puissance publique à garder par-devers elle certains de ses plus intimes secrets ? La question pourrait être vite expédiée. Le secret est consubstantiel à l'État depuis sa genèse et les citoyens s'accommodent finalement fort bien du fait que les codes nucléaires ou les notes de renseignement militaire demeurent sous le sceau du secret. À l'ère de l'information, les vieilles certitudes sont pourtant bousculées. « Il n'est point de secret que le temps ne révèle » : sous la plume de Racine, l'avertissement de Narcisse à Néron dans *Britannicus* n'a pas pris une ride. Dans son équivalent moderne : une information qui transite par un support électronique peut-elle rester durablement cachée ? Ainsi, ce que les cercles autorisés savaient depuis longtemps a été révélé au grand public en 2013 : des fuites de documents confidentiels américains ont attesté la surveillance généralisée par la National Security Agency (NSA) américaine de dizaines de millions de communications électroniques dans le monde entier.

Dans un livre passionnant, Sébastien-Yves Laurent remet ces questions en perspective historique et analyse le processus de « légalisation du secret » qui l'a rendu compatible avec les principes fondamentaux de la démocratie, en comparant la France, le Royaume-Uni et les États-Unis. Il distingue trois époques. D'abord celle de « l'État secret coutumier », dans lequel l'exercice du pouvoir est essentiellement dérobé au regard public. Pas d'État sans secret et, pour le souverain, pas d'*auctoritas* sans une part de mystère. C'est aussi vrai dans les relations naissantes entre les États, qui développent des pratiques informelles de collecte et de protection du secret, autant à l'extérieur (pour prévenir, préparer et conduire la guerre) qu'à l'intérieur (pour assurer le contrôle social). Si on en trouve des traces antiques, comme dans le traité de stratégie de Sun Tsu ou dans l'Ancien Testament, l'Europe westphalienne parachève l'art du renseignement diplomatique. Ainsi François de Callières (1645-1717), dans *De la manière de négocier avec les souverains* (1716), revendique-t-il pour un ambassadeur le titre d'« honorable espion » au sein des cours étrangères.

Puis, avec les Lumières et le libéralisme politique du XVIIIe siècle, le secret est passé à la critique de la raison et au tamis de la « publicité », prémices de la transparence contemporaine. Au XXe siècle, l'histoire du développement des administrations est aussi celle du progrès des libertés publiques face au secret : protection des données et fichiers publics, contrôles parlementaires croissants, encadrement des pratiques par la loi sous le contrôle du juge... Le fonctionnement des pouvoirs devient moins opaque ; l'État de droit donne au secret un cadre bureaucratique, des pratiques et des limites. En s'institutionnalisant, le renseignement entre dans la modernité. En 1850, l'Empire austro-hongrois crée un *Evidenzbureau*, première administration moderne de renseignement extérieur en temps de paix. Il est suivi par les autres puissances : c'est l'âge de « l'État secret légal ». Cohabitant avec celui-ci apparaît depuis les années 1990 un troisième modèle historique, que l'auteur nomme « l'État clandestin ». Il éclaire comment, dans les trois démocraties étudiées, les exigences de « redevabilité » et de responsabilité politique font profondément évoluer les pratiques. Réduite à la portion congrue, une forme d'action des services spéciaux qui peut ne pas être assumée demeure : l'action clandestine.

De manière complémentaire, un ouvrage collectif offre un panorama éclairant des dynamiques actuelles qui transforment le monde du renseignement. Sous la direction de Paul Charon et Jean-Baptiste Jeangène-Vilmer, vingt-huit auteurs parmi les meilleurs spécialistes français nous offrent une plongée dans les structures, les pratiques, les acteurs et les nouveaux enjeux du renseignement dans toute sa diversité. L'approche de cette encyclopédie scientifique unique en langue française est double, interdisciplinaire (sciences politiques, éthique, droit, géographie) et comparative (grâce à des monographies sur les communautés du renseignement dans une douzaine de pays et zones). Pour aller plus loin, on ne peut que recommander les riches et régulières publications du Centre français de recherche sur le renseignement (*cf2r.org*).

Nous vivons aujourd'hui dans l'ère du *diktat* de la transparence, érigée comme une valeur en soi, avec tous ses excès. Le cyberespace offre le terrain propice à toutes les actions hostiles – espionnage, cyberattaques, ingérences dans les processus démocratiques, campagnes de désinformation et de déstabilisation – tandis que la collecte massive de données, à des fins politiques, crapuleuses ou simplement commerciales, ne connaît à ce stade qu'une régulation balbutiante. Alors que les données sont stockées dans des serveurs situés hors du territoire des États, la capacité limitée de la plupart des États à garder la maîtrise de leurs informations les plus critiques interroge en profondeur leur souveraineté. Le secret n'en reste pas moins au cœur des relations internationales, dont il est l'un des paradoxes : malgré l'omniprésence de la communication, l'usage non écrit mais persistant reste celui du secret.

■ Martin-Pierre Charliat

Des bédés qui pensent : le roman graphique documentaire

Pascal Génot (scénario) et **Olivier Thomas** (dessin), *Bourdieu, Une enquête algérienne*, Steinkis, 2023, 260 pages, 24 €.

Maxence Collin et **François Rivière** (scénario) et **Aleksi Cavaillez** (dessin), *Alan Turing*, Casterman, 2024, 264 pages, 28 €.

Comme tout, le langage a les défauts de ses qualités : sa sensibilité fait qu'il garde les traces de ce tout qui est dit. Mais ces traces font ornières : une fois creusées, elles obligent et se creusent un peu plus à chaque passage, on n'en sort plus. On répète les mêmes formules sans plus savoir si elles ont un sens et, à force, elles n'en ont plus guère. Par exemple, on aime à dire : « Ça se lit comme un roman », comme si la caractéristique d'un roman était la fluidité de lecture – ceux qui ont trébuché sur Marcel Proust ou William Faulkner apprécieront ; ou bien, devant un film à l'agitation un peu simplette, on dit : « C'est une vraie bédé », comme si la bande dessinée était rigolote par nature, comme du temps de *Pif gadget*. Mais il a coulé pas mal d'encre dans les cases et ce qui fut un divertissement d'enfants est devenu un médium arrivé à maturité, qui dit beaucoup et finement avec les moyens combinés de l'écriture et du dessin (voir, dans ce numéro, pages 107-108). On en a même changé le nom pour sortir de l'ornière, on parle de « roman graphique », histoire de rattacher à deux arts majeurs ce qui s'est bien éloigné des petits Mickey. Mais, au fond, il s'agit de la même chose, avec simplement plus de profondeur et plus de pages.

Le terme est apparu aux États-Unis dans les années 1960, patrie des *comics* vendus en fascicules assez mal édités, les *graphics novels* se vendant en albums dans des librairies, à destination d'un public adulte plus exigeant. Le genre – on devrait peut-être dire le format, mais peu importe – se répandit également en France, avec une série de chefs-d'œuvre dont il serait fastidieux de faire la liste, avec un sous-genre particulier qu'est le roman graphique documentaire. Il en existe sur tous les sujets – histoire, sociologie, politique, sciences –, avec ce monument stupéfiant qu'est *Le monde sans fin* de Christophe Blain et Jean-Marc Jancovici (Dargaud, 2021), un tour de force puisque les auteurs rendent fluides et passionnants des propos assez abstraits et chiffrés sur l'histoire énergétique de nos sociétés… si, si.

On touche ici du doigt l'intérêt du roman graphique documentaire : par le biais d'une double lecture, ce genre permet de saisir l'intérêt intellectuel du sujet traité. On voit bien qu'il s'agit davantage d'une façon de raconter et d'organiser le récit que de simplement dessiner. Dans un roman graphique, on a le temps, la place, on se libère des règles de la bédé, on invente, on raconte, on transmet par une présentation inédite, qui loin d'illustrer un sujet fait avancer la pensée indépendamment des livres où elle s'est élaborée, par la vertu d'une incarnation particulière, qui offre un autre point de vue que celui du simple texte.

Je voudrais donner deux exemples, récemment parus, de l'intelligence particulière de ces romans graphiques. Quand on a un peu lu Pierre Bourdieu (1930-2002), on n'a pas été sans remarquer l'étrangeté du premier item de sa bibliographie : une étude anthropologique des villages kabyles, dont on se demande les raisons et que l'on s'autorise à ne pas lire, y voyant une œuvre de jeunesse que l'on n'interroge pas plus que cela, pas plus que sa jeunesse béarnaise dont on croit pouvoir se passer, sa biographie commençant par son entrée à l'École normale supérieure (ENS).

Pourquoi l'Algérie ? C'est la question que posent Pascal Génot et Olivier Thomas dans *Bourdieu, une enquête algérienne*. Et ils cherchent, visitent, rencontrent, réfléchissent dans une sorte de *making off* de la pensée de Bourdieu, jusqu'à démontrer que sa jeunesse rurale lui permit de comprendre la Kabylie et que l'Algérie lui donna l'occasion d'introduire de l'anthropologie dans la sociologie, méthode qu'il appliqua ensuite à la France avec le succès académique que l'on connaît. Il ne s'agit donc pas d'un *La pensée de Bourdieu en bande dessinée*, mais d'une véritable réflexion sur la genèse d'une œuvre, par le biais d'une narration particulière, contrainte par la succession des cases et la limitation du texte, et par la présence réelle que permet le dessin.

Alan Turing de Maxence Collin, François Rivière et Aleksi Cavaillez est un autre exemple des vertus réflexives de ce mode de narration. Alan Turing (1912-1954) est probablement le plus grand scientifique du XXe siècle. Il n'a travaillé que sur quatre sujets, mais ce sont des piliers de notre monde : le codage, la machine universelle, le test permettant d'évaluer l'intelligence de cette machine et un modèle rendant compte du codage génétique des taches de léopard avec un minimum d'information. Sa vie tragique et romanesque inspira romans, films et bandes dessinées, les vies de Turing pullulent en librairie, dramatisées par sa fin, puisque, condamné pour homosexualité du fait d'une loi victorienne qu'il pensait désuète, il se suicida en croquant dans une pomme empoisonnée par ses soins. Ce roman graphique qui lui est consacré réalise l'exploit, en redistribuant les mêmes cartes, de poser un regard neuf sur cet homme génial et donc mystérieux. La vie intime, la vie sociale et la vie intellectuelle, qu'elle soit abstraite ou appliquée, sont mêlées avec virtuosité, dessinant (c'est le mot juste) peu à peu un portrait global d'un mathématicien plus attachant et profond que ne l'imaginent d'autres biographies, qui font de lui une sorte de Sherlock Holmes glacé. Encore une fois, la spécificité narrative du roman graphique ouvre une nouvelle dimension à la pensée. Et en plus, c'est graphiquement très beau et inventif, ce qui ne gâche rien, le plaisir esthétique stimulant toujours le plaisir intellectuel.

■ Alexis Jenni

Doireann Ní Ghríofa

Un fantôme dans la gorge

Traduit de l'anglais (Irlande)
par Élisabeth Peellaert.
Globe, 2024, 368 pages, 23 €.

■ *Un fantôme dans la gorge* est l'histoire mêlée de deux textes féminins. D'abord, le plus grand poème irlandais du XVIIIe siècle, le « Caoineadh », par lequel la poétesse Eibhlín Dubh Ní Chonaill (1743-1800) retranscrit l'amour qui l'unit à son époux Arthur et la mort qui les sépara. D'Eibhlín, l'histoire n'a rien retenu, sinon la vie des hommes qui ont traversé la sienne. L'autre récit est celui qu'écrit la narratrice, jeune mère irlandaise qui, malgré l'épuisement, s'épanouit dans l'abnégation, les listes de tâches ménagères et la tendresse envers sa famille. Cette mère s'est donné pour but de rendre justice à l'existence d'Eibhlín, de retrouver ses traces discrètes, de tisser le fil de sa vie, comme un tissu, maille après maille. Par cette quête, elle fait naître une nouvelle voix de femme, la sienne. Dans ce récit à l'écriture toujours neuve, Doireann Ní Ghríofa s'amuse à jouer avec le lecteur, en rompant sans cesse la distance qui les sépare, en sautant du présent au souvenir, de ses propres mots à ceux d'Eibhlín, de l'ennuyeux récit de ses recherches généalogiques à la méditation poétique. *Un fantôme dans la gorge* est un livre qui parle du quotidien, dans ce qu'il a de plus matériel – le tire-lait, les larmes, les cernes, la cicatrice des césariennes – et du besoin, sans cesse renouvelé, de donner, par les mots, un sens à cette matière de nos vies. C'est un livre qui fait exister le corps de deux femmes, deux mères, que trois siècles séparent, et que leur écriture et leurs silences relient. Car, comme l'écrit Ní Ghríofa, le corps des femmes – gonflé, dégonflé, mordu, épuisé et marqué de lignes – est « un texte féminin ».

■ Raphaëlle Gresset

Kapka Kassabova

Élixir

Dans la vallée de la fin des temps.
Traduit de l'anglais par Morgane Saysana. Éditions Marchialy, 2024, 576 pages, 24 €.

■ Chacun entrera dans ce livre comme dans une auberge espagnole, ou plutôt bulgare. Qui a de l'appétit pour l'ethnobotanique, la naturopathie ou la médecine populaire sera largement servi. Kapka Kassabova herborise tout au long de ses deux séjours dans un pays de montagnes et de vallées évoqué avec lyrisme, en compagnie d'autres adeptes des plantes, qui vivent de leurs collectes et soignent leurs maux. En ce sens, c'est un ouvrage de recettes qui relèvent de la pratique ancestrale mais aussi de l'inspiration personnelle. Attentive aux enseignements qu'elle reçoit sur le terrain, l'autrice rend aussi hommage aux savants botanistes et guérisseurs qui ont laissé des traités depuis l'Antiquité. Qui ne craint pas un brin de charlatanisme appréciera les pages consacrées à l'alchimie, à la sorcellerie et aux miracles. D'autres lecteurs, ou les mêmes, prendront un vif intérêt à l'histoire mouvementée des peuples balkaniques, dans sa dimension ethnique et religieuse, et au sort des minorités. Une histoire qui ne va pas sans drames collectifs et personnels. Comment peut-on être Pomak ? Et pourquoi ne peut-on pas l'être librement ? Fille d'une famille exilée en 1991, Kapka Kassabova rapporte les persécutions de l'ère communiste, les errements de l'économie planifiée et les plaies qu'elle laissa dans la nature. Une fois ce système effondré, impossible, dirait-on, de se frayer un chemin vers une vie plus juste, moins contrainte. La tradition pèse et l'émigration vide les villages. Le meilleur de ce retour au pays natal, comme dans le précédent *Lisières* (Éditions Marchialy, 2020), tient aux portraits des personnes rencontrées dans ces territoires perdus, fruits du partage et de l'attachement.

■ Sylvie Koller

Olivier Guez

Mesopotamia

Grasset, 2024, 416 pages, 23 €.

■ « Transformer la fiction romantique en réalité géopolitique » : c'est ainsi qu'Olivier Guez semble résumer la vie de Gertrude Bell (1868-1926). Archéologue, correspondante du Secret Intelligence Service (SIS), fervent soutien de l'Empire britannique, elle a fait les riches heures du Grand Jeu des empires coloniaux du début du XXe siècle et largement contribué à la fondation de ce qui deviendra l'Irak. Comme il est souvent inutile de forcer l'histoire pour en faire un roman, c'est à l'épopée de la Grande-Bretagne conquérante, celle de Rudyard Kipling (1865-1936) et de Lawrence d'Arabie (1888-1935), que nous invite l'auteur. S'il en montre les aspects les plus éclatants, il n'en dissimule pas moins les duretés, les mesquineries et les hypocrisies. La vie même de Gertrude Bell semble d'ailleurs incarner ces tensions : fille de bonne famille qui se rêve « reine sans couronne », elle sacrifie tout à ses ambitions. Pourtant, la tragédie de l'Empire finissant est aussi la sienne. Consumée par ses rêves de grandeur, elle en a oublié d'être femme, simplement femme, et termine son existence dans la solitude et l'amertume. C'est là le drame d'une vie trop intensément vécue en dehors d'elle-même à servir un idéal qui, une fois disparu, laisse un vide incommensurable. On peut néanmoins penser, à la lecture de ce livre, que la véritable héroïne en est la Mésopotamie elle-même : entre Tigre et Euphrate, le berceau de l'humanité est ici décrit dans des convulsions qui expliquent pour une large part la situation actuelle du Moyen-Orient.

■ Anthony Glaise

Nathalie Castagné

Vies, morts et renaissances de Goliarda Sapienza

Seuil, « Biographie », 2024, 400 pages, 25 €.

Goliarda Sapienza

Miroirs du temps

Correspondances. Traduit de l'italien par Nathalie Castagné. Le Tripode, 2024, 320 pages, 25 €.

■ Curieux destin que celui de Goliarda Sapienza (1924-1996). Née dans une famille engagée très à gauche, Sapienza grandit dans la Sicile de l'entre-deux-guerres, assiste à la montée du fascisme, cherche sa place dans une famille recomposée ballottée par les engagements de la mère comme du père. Sapienza construit sa voie auprès d'un compagnon cinéaste et mène une carrière de comédienne, mais c'est toujours l'écriture qui l'attire. Ce chemin-là sera semé d'embûches : dépourvue de reconnaissance, Sapienza ne trouve pas d'éditeur pour son *Art de la joie* (1998), qui ne paraîtra qu'après sa mort en 1998 et connut le succès dans sa traduction française, au Tripode (2015). C'est dire si l'itinéraire de Sapienza et de son livre est à la fois unique et fascinant, et si l'on comprend l'attachement de sa traductrice, Nathalie Castagné, à cette femme comme à son travail. C'est ainsi Castagné qui signe la biographie de Sapienza aux éditions du Seuil, dans un style profond, dense et puissant qui nous emporte dans la vie de l'autrice comme dans un roman. Son entreprise biographique, vertigineuse de précision, se révèle aussi captivante que *L'amie prodigieuse* d'Elena Ferrante (2011). Après la lecture de la biographie, celle de la correspondance de l'autrice éditée au Tripode et supervisée par son dernier compagnon, Angelo Pellegrino, fait surgir les accents d'enthousiasme ou de détresse d'une autrice de génie, forte de ses fragilités. S'il est une personne à rencontrer, c'est bien Goliarda Sapienza, artiste maudite, si proche de nous dans le temps comme dans la sensibilité, et bouleversante d'humanité.

■ Élodie Pinel

Chantal Thomas

Journal d'Arizona et du Mexique

Janvier-juin 1982. Seuil, « Fiction et Cie », 2024, 192 pages, 21 €.

■ Stop ou encore ? Chantal Thomas poursuit inlassablement son journal : des variations originales qui forment une œuvre cohérente et atypique, dont le point d'orgue restera l'illustration symbolique du choix d'un éventail japonais de collection en guise d'épée pour son intronisation à l'Académie française en 2021. Ici, en 1982, nous sommes embarqués avec elle à bicyclette en Arizona, le Marivaux de la Pléiade sur le porte-bagage, matière de son enseignement à l'université de

Tucson, et Jack Kerouac dans son sac bleu délavé de marin comme viatique et porte-bonheur. Chantal Thomas a appris à lire avec Roland Barthes : ainsi son style a-t-il été façonné. Poser un œil au hasard du texte et c'est déjà être complice. Défiant le temps et l'espace, elle convoque des auteurs amis à ses pieds. Plus de frontière entre le rêve et la réalité, entre Arthur Rimbaud et Antonin Artaud. Elle pense toujours à autre chose ; elle vous entraîne et ne vous lâche pas, même si vous ne savez plus où vous en êtes. Que dire d'un journal dont les propos s'enchaînent comme des « choses vues » à la Hugo et des *haïkus*, quand l'autrice avoue : « J'entends ce que je veux » ? Son journal incarne et illustre l'esprit de liberté du XVIIIe siècle, dont elle est une des grandes spécialistes. Nous avons avec elle – vivante et attachante – une enfant terrible à l'Académie, un membre de la *beat generation*, une Patti Smith en quelque sorte. « Votre vie est une fable sans morale », lui a dit justement Dany Laferrière en l'accueillant à l'Académie : ce dernier opus illustre joliment ce propos.

■ Daniel Casadebaig

Armand Gatti et Pierre Joffroy

La voix qui nous parle n'a pas besoin de visage

Chroniques et reportages (1946-1957). Avant-propos de Michel Séonnet. Gallimard, 2014, 368 pages, 4 illustrations, 22 €.

■ Dramaturge, poète, Armand Gatti (1924-2017) a fondé le collectif théâtral « La parole errante ». Épris de liberté, humaniste, il a résisté toute sa vie à toutes les formes d'oppression et d'absurdité. Dans cet ouvrage, nous découvrons une autre facette : coécrites avec son ami Pierre Joffroy (1929-2008), ces chroniques nous montrent avec éclat ce que peut un véritable journalisme, qualifié ici d'« implication ». Immergées dans un milieu (la pègre, la rue, les tribunaux ou encore le cirque), les deux plumes croquent en quelques traits précis des morceaux de vie, saisissants de vérité. Un humour à froid, une humanité rayonnante, qui nous rappelle que le métier de journaliste ne se limite pas à diffuser de l'information : la forme, le style et le regard informent bien au-delà des faits. Par moments, dans les chroniques sur les détectives privés, on se croirait déjà chez Richard Brautigan (1935-1984). La voix qui nous parle nous montre sans fard les marginaux, les répudiés, les rebuts dont la société ne veut pas et qui demeurent terriblement humains : « Des vocations de peintre des jours perdus se révèlent dans ce lieu [le camp de réfugiés de San Sabba, en Italie] où l'art aussi est réfugié. À défaut de vie matérielle, des êtres parmi les plus déshérités se donnent des loisirs de raffinés. Va-t-on aussi leur reprocher cela ? » Implacable.

■ Olivia Leboyer

William Somerset Maugham

Mémoires

Préface d'Hector Bianciotti. Traduit de l'anglais par Paul Couturiau et Sabine Delattre. Les Belles Lettres, « Domaine étranger », n° 85, 2024, 340 pages, 14,90 €.

Et mon fantôme en rit encore

Carnet d'un écrivain, Journal 1892-1944. Introduction de Samuel Brussell. Traduit de l'anglais par Corine Derblum. Les Belles Lettres, « Domaine étranger », n° 86, 2024, 422 pages. 15 €.

■ L'écrivain et médecin William Somerset Maugham (1874-1965) dévoile dans ses mémoires une nature sensible qui humanise sa figure marmoréenne des lettres consacrée par l'Empire britannique. Si son éducation puritaine l'incline peu aux épanchements intimes, il reste pédagogue et disert sur l'art de la prose et du théâtre. Sa morale philosophique est puisée à l'épreuve du réel et dispensée avec science sur un ton naturel proche du *nihil admirari* d'Horace. C'est avec ce même détachement amusé, très anglais, qu'il évoque sa vie et ses aléas. En « naturaliste des esprits », le novelliste aime classifier les auteurs sans se départir d'un regard clinique et désillusionné sur la nature humaine qu'il juge pardonnable. Dans ses carnets tenus de 1892 à 1944, le « Maupassant anglais », auteur du *Sortilège malais* (1926), nous livre avec la précision d'un entomologiste ses impressions parfois aphorisées, qui colorent d'une lumière crue les multiples visages croisés lors de ses pérégrinations autour du globe. Du Pacifique aux Indes en particulier, Maugham rapporte des souvenirs mémorables et souvent peu flatteurs de ceux-ci. Qu'il s'agisse des rustres planteurs d'hévéas aux stupides administrateurs coloniaux, tous sont peints au lavis noir, d'un trait et sans repentirs. En fait, pas plus les déshérités que les plus nantis de cette société postvictorienne, à l'instar du romancier Henry James (1843-1916), n'échappent au crayon durement taillé de son carnet.

■ Bertrand Levoyer

Sylvain Fort

Saint-Exupéry penseur

Gallimard, « Folio essais », n° 702, 2024, 144 pages, 7,80 €.

■ Cet essai est une invitation à parcourir les chemins empruntés par la pensée d'Antoine de Saint-Exupéry (1900-1944) dans une œuvre dont les lecteurs ont souvent noté la diversité. Or, reliant l'apparente naïveté des aquarelles du *Petit prince* à la sagesse lyrique de *Citadelle*, c'est bien une cohérence fondamentale que révèle l'essayiste : celle d'une pensée révoltée, tragique, parfois désespérée, mais profondément humaniste. Sylvain Fort nous rappelle que l'œuvre de Saint-Exupéry est avant tout un acte de résistance face à l'abêtissement de l'homme moderne, un refus de se compromettre avec le grand troupeau de ceux qui ont oublié de cultiver leur âme. En réaction au constat d'un monde ayant perdu le sens du sacré, Saint-Exupéry adopte la posture aristocratique de celui qu'Ernst Jünger (1895-1998) nommerait l'« anarque », si bien que l'*ethos* de l'écrivain se confond avec celui de l'aviateur : faire le choix de l'exil, du désert et de l'aventure pour retrouver l'héroïsme et éprouver sa propre vie avant de trouver dans la simplicité évidente des choses la vérité et sa beauté. Surtout, Sylvain Fort fait dialoguer Saint-Exupéry et Georges Bernanos (1888-1948) – on découvre le Petit Prince en frère de Mouchette –, mais c'est chez Simone Weil (1909-1943) qu'il décèle les signes d'une véritable « gémellité spirituelle », chacun trouvant dans la contemplation la définition de l'humain ainsi que la réponse aux affres du monde moderne. Cette étude dans laquelle transparaît l'adoration sans cesse renouvelée de l'auteur pour son sujet s'avère donc essentielle pour qui souhaite redécouvrir Saint-Exupéry et ouvrir les portes de la *Citadelle*, ce « livre fou » et inachevé dans lequel l'auteur s'affirme, jusqu'à sa mort, comme un penseur.

■ Marc Malcor

ARTS

Pauline Carminati

Le Paradis en boutique

L'édition de sculptures religieuses au XIXe siècle. Préface d'Isabelle Saint-Martin. Postface de Philippe Boutry. Presses universitaires de Rennes, 2024, 364 pages, 25 €.

■ Il est difficile de parler positivement de « l'art saint-sulpicien ». Et pourtant quelle densité d'expérience artistique (pourquoi pas ?), technique et industrielle assurément, mais aussi spirituelle ! Il a porté la dévotion et la foi de « nos grands-parents » du XIXe siècle et dans la première moitié du XXe. C'est à l'histoire de la statuaire religieuse d'édition, de sa création non loin de l'église parisienne éponyme à sa diffusion dans le monde entier, qu'est consacré ce livre bien écrit et soigneusement composé. Son dernier chapitre donne toute sa place à la critique de cet art du multiple, mais c'est au terme d'une troisième partie qui a établi comment cette statuaire a été un instrument au service de l'Église sous le signe de la Vierge de la rue du Bac à Lourdes, du Sacré-Cœur contre la modernité ou encore de Jeanne d'Arc pour « l'union sacrée ». Mais le plus original du livre est dans ses deux premières parties, appuyées sur les archives et les catalogues des entreprises d'édition, dont la maison Raffl, du nom du sculpteur Josef-Ignaz Raffl (1828-1895) qui l'a fondée, que l'on peut suivre des années 1840 à sa disparition en 1953. Comment cet atelier de sculpteur est devenu une manufacture qui met au point des techniques de fabrication sans cesse perfectionnées, pour produire un très grand nombre de modèles répondant aux goûts du clergé comme des fidèles et conformes aux prescriptions des autorités canoniques, les faire connaître et les commercialiser. Vers 1900, la maison Raffl proposait 2 500 modèles de statues et en vendait 50 000 par an, produites par 400 ouvriers.

■ Michel Sot

Olivier Curchod

Claude Miller

Une vie de films. Les impressions nouvelles, 2024, 544 pages, 26 €.

■ Sous la plume d'Olivier Curchod, la vie de Claude Miller (1942-2012) se confond intégralement avec le cinéma – sa découverte, son apprentissage et sa fabrication. C'est le parti pris original de cet épais volume que de proposer une biographie de l'œuvre elle-même. De fait, l'ouvrage impressionne par sa reconstitution maniaque des étapes de production des principaux films du cinéaste. Aucune anecdote ne semble avoir échappé à l'auteur qui, par son écriture vive, sans fioriture, donne au lecteur le sentiment de voir se créer, au jour le jour, *La meilleure façon de marcher* (1976), *L'effrontée* (1985) ou *Thérèse Desqueyroux* (2012). Il est frappant également de voir Miller se déplacer dans le champ du cinéma français, d'abord assistant de François Truffaut (1932-1984) et Jean-Luc Godard (1930-2022), avant de devenir un réalisateur plus installé, jouissant d'imposants budgets et de prestigieux *casting*. À cet égard, les premiers chapitres demeurent les plus stimulants, parce qu'ils s'attachent à des aspects méconnus (les premiers courts-métrages, les bobines tournées à l'armée), mais aussi parce qu'ils foisonnent de rencontres. Une fois le système Miller en place, la construction des chapitres se fait plus mécanique. Sans lui-même adopter une approche critique, Curchod aborde la réception des films comme s'il devait réparer quelque injustice, adoptant un ton presque plaintif. Miller a divisé, c'est un fait. La question reste en tout cas ouverte de savoir ce qui, de cette « vie de films », résonne encore aujourd'hui.

■ Raphaël Nieuwjaer

HISTOIRE

Sarah Rey

Manus

Une autre histoire de Rome. Préface de John Scheid. Albin Michel, « L'évolution de l'humanité », 2024, 400 pages, 23,90 €.

■ Cet ouvrage s'intéresse à différents contextes dans lesquels la main de l'homme ou de la femme joue un rôle majeur et devient l'objet de toutes les attentions. Après un premier chapitre consacré aux interprétations du geste de Scævola, héros romain qui mit sa main au feu devant le roi étrusque Porsenna qu'il avait tenté de tuer, Sarah Rey aborde successivement les métaphores de la *manus* dans le droit romain, l'importance des gestes manuels dans l'accomplissement des rites religieux, les mentions des mains dans les récits de prodiges et les rêves, leur usage pour exprimer la piété et la bonne foi, puis leur rôle dans l'exercice du pouvoir par les puissants, avant d'aborder les discours sur les mains des subalternes. Au fil de ces pages, la main, parce qu'elle permet de saisir un objet ou un individu, apparaît comme l'organe du pouvoir. Un chapitre intermédiaire (« Éloges des mains »), le plus original de l'ouvrage, s'intéresse aux discours sur la main dans les œuvres des philosophes, rhéteurs, médecins et penseurs chrétiens. Louée comme l'organe qui donne à l'homme sa supériorité sur les autres créatures, la main se trouve associée à ce qui est considéré comme le propre de l'homme, la pensée et le langage articulé : elle devient à ce titre un « outil » essentiel à la civilisation. L'ampleur du sujet empêche évidemment toute exhaustivité : on aimerait en savoir plus, par exemple, sur le regard porté à Rome sur les gauchers ou encore sur les difficultés posées par la perte de l'usage des mains. Plus qu'aux spécialistes, l'ouvrage conviendra surtout aux amateurs d'histoire qui pourront aborder la civilisation romaine à partir d'un angle original.

■ Mathias Nicolleau

Nina Valbousquet

Les âmes tièdes

Le Vatican face à la Shoah.
La Découverte, 2024,
480 pages, 26 €.

■ Depuis la pièce *Le Vicaire* publiée par le dramaturge allemand Rolf Hochhuth en 1963 et que Costa-Gavras adaptera en 2002 au cinéma sous le titre *Amen*, les controverses sur l'attitude du pape face à l'extermination des Juifs n'ont jamais cessé. Quand certains vitupèrent « le silence de Pie XII », d'autres insistent sur son implication pour aider des Juifs romains. Mais jusqu'à peu, personne n'avait accès aux archives du Vatican concernant ce pontificat. En 2019, le pape François annonça leur déclassification. « L'Église n'a pas peur de l'Histoire », proclama-t-il alors. De 2020 à 2023, la jeune historienne Nina Valbousquet compta parmi les chercheurs qui se pressèrent pour consulter les précieux fonds et examiner à nouveaux frais une question polémique. Elle en a tiré un livre qui ne se focalise pas exclusivement sur le pape, mais intègre tout l'appareil d'État du Saint-Siège. Au plus près des acteurs – nonces, cardinaux, secrétaires... –, elle décrit et analyse les dilemmes, les hésitations et les ambivalences. Les actions menées et les silences coupables. La charité et une logique « humanitaire » jouèrent parfois en faveur des Juifs, mais le vieil antijudaïsme chrétien était encore loin d'être éteint. Et puis, s'en prendre trop frontalement à l'Allemagne nazie aurait pu conduire Hitler à écraser les catholiques de l'Europe occupée... Au cours de la Shoah, montre Valbousquet, ce sont des « âmes tièdes » qui peuplaient le Vatican. L'expression, empruntée à Albert Camus, est éloquente. À la Noël 1944, réagissant à un appel que Pie XII avait prononcé à la radio, l'écrivain considérait dans *Combat* que l'époque exigeait autre chose : « Notre monde a besoin de cœurs brûlants. »

■ Cyprien Mycinski

Fabien Lostec

Condamnées à mort

L'épuration des femmes collaboratrices, 1944-1951. CNRS éditions, 2024, 400 pages, 26 €.

■ Dans cet ouvrage issu de sa thèse, Fabien Lostec s'intéresse au « genre de la peine capitale » lors de l'épuration. Articulant les échelles nationale et locale, il brosse une fresque collective des 651 femmes condamnées à mort par les tribunaux légaux de l'épuration, dont 46 furent exécutées. S'inscrivant dans le prolongement de l'historiographie de l'épuration, il propose dans le même temps un travail novateur et bien structuré, à partir d'un rigoureux et conséquent travail d'archives. Après avoir rappelé de manière éclairante le fonctionnement de « l'archipel judiciaire épuratoire », il s'intéresse aux types de collaboration reprochés aux femmes, dont il dresse aussi les portraits individuels, faisant ressortir la pluralité des situations. Au-delà de l'archétype de la collaboratrice sentimentale, il met par exemple en évidence un phénomène sous-estimé, celui des femmes collaborationnistes. L'analyse fine des procès permet de saisir les prismes genrés à l'œuvre, volontairement ou non, et dans des buts différents, chez tous les acteurs du procès alors que les faits reprochés viennent percuter les représentations genrées. Prolongeant l'étude jusqu'en 1951, Lostec approfondit cette analyse en s'intéressant aux grâces, à la manière dont les détenues vivent leur incarcération jusqu'à, pour certaines, la sortie de prison. Outre sa contribution à l'histoire de l'épuration par l'étude d'un phénomène mal connu, le livre permet d'envisager sous un angle éclairant le rétablissement d'un ordre masculin et le fonctionnement de la justice de la Libération, « outil de régulation sociale et instrument de légitimation de la République ».

■ Raphaëlle Bellon

Charles-Éloi Vial

Marie-Antoinette

Perrin, « Biographies », 2024, 720 pages, 28 €.

■ Conservateur au département des Manuscrits de la Bibliothèque nationale de France, Charles-Éloi Vial livre une biographie de Marie-Antoinette qui repart de zéro. Reprendre une histoire inlassablement racontée, fantasmée, déformée, pour la resituer très exactement là où l'on peut dire quelque chose d'avéré. Le défi est immense et relevé avec un art véritable, de l'enquête comme de l'écriture. Vial, archiviste paléographe, s'appuie sur les archives : notes de modistes, relevés de comptes domestiques, lettres, croisant les regards et les paroles de ceux qui ont entouré la reine. Loin de nous la faire perdre de vue, la focale se resserre sur une femme et une souveraine qui apparaît dans son quotidien, familial et politique. Se dessine une femme aux idées assez arrêtées, moins fragile, plus mélancolique que la légende ne la peint généralement. Si la biographie pleine de vie de Stephan Zweig (Grasset, 1933) captive, curieusement, le charme agit ici aussi. Sans romancer la vie de la reine, Vial la décrit en creux, à partir de traces, et il reste bel et bien du romanesque ! La démarche même tient du romanesque : la recherche d'une absence.

■ Olivia Leboyer

Kate Brown

Plutopia

Une histoire des premières villes atomiques. Traduit de l'anglais (États-Unis) par Cédric Weis. Actes Sud, « Questions de société », 2024, 464 pages, 25 €.

■ Ce livre brûle les doigts. Il se lit comme un roman et met face à face les États-Unis et l'URSS dans leurs efforts symétriques de construction d'une industrie d'armement nucléaire. Mensonge, mépris, racisme, corruption, déni, dissimulation, manipulation des faits et des personnes, ignorance délibérément entretenue, désinformation massive, conflits d'intérêts… Ces pratiques, les deux systèmes politiques les mettent en œuvre avec la même détermination, au bénéfice d'intérêts privés et industriels, et d'enjeux de pouvoir, et au détriment de populations savamment divisées en groupes étanches (personnels de l'usine de plutonium honteusement privilégiés, travailleurs du bâtiment, agriculteurs maltraités et méprisés, etc.). Seules les modalités politiques diffèrent. Le contexte : pour fabriquer une bombe thermonucléaire, il faut du plutonium, produit par un réacteur nucléaire, puis très fortement concentré. Cette technique implique des périmètres « protégés », d'immenses usines et, en sous-produits, des quantités d'éléments radioactifs légers (rayons gamma) et lourds (isotopes d'iode, de strontium, etc.) qu'il faut stocker et dont la durée de vie se chiffre en milliers d'années. Les éléments lourds ont une forte affinité pour les cellules vivantes qui les concentrent et causent d'autant plus de dégâts qu'ils pénètrent l'organisme par voie interne (respiratoire ou alimentaire) : dégâts organiques (épuisement, cancers, etc.) et génétiques (malformations congénitales majeures, enfants mort-nés, etc.). La moindre fuite, le moindre incident – nombreux et le plus souvent dissimulés – causent des ravages.

■ Philippe Rivet de Sabatier

François Vannucci

La promesse du hasard

Odile Jacob, « Sciences », 2024, 256 pages, 23,90 €.

■ François Vannucci est chercheur, physicien, spécialiste des neutrinos et des hautes énergies, mais aussi lecteur infatigable. Il sait rendre largement accessibles ses réflexions sur le hasard, la liberté… et Dieu. Le hasard pénètre nos vies, soit par inconnaissance des causes trop complexes qui en déterminent les événements, soit, et cela est fondamental, par la nature même des phénomènes quantiques qui régissent l'infiniment petit dont dépend l'ensemble de notre univers, nous compris. Parcourant à la fois les grandes étapes de la recherche scientifique depuis trois cents ans, et les réflexions des penseurs (de Platon et Aristote à Pascal, Einstein, Heisenberg, Weil, etc.), des théologiens (d'Augustin à Anselme, Thomas d'Aquin, Berkeley, etc.) et des écrivains (Mérimée, Proust, Valéry, etc.), Vannucci nous fait réfléchir à ce que signifie pour nous l'occurrence du hasard ; mais aussi à ce que l'état actuel des connaissances nous permet d'affirmer sur notre liberté et sur notre croyance en Dieu – prenant en compte l'incontournable part de subjectivité que comprend toute conception du monde. Il célèbre son enthousiasme de chercheur, mais il montre l'absolue impossibilité de connaître « tout » l'univers (inégalités de Bell, mesures d'Aspect) et les limites attendues des budgets phénoménaux de recherche. Il conclut en rappelant que toute compréhension globale du monde ne peut reposer que sur un acte de foi.

■ Philippe Rivet de Sabatier

François Parcy

Les clés du champ

Comment domestiquer les plantes. humenSciences, 2024, 240 pages, 18 €.

■ Dans le monde « sauvage », les plantes se protègent contre les prédateurs par des moyens chimiques (les amandiers sauvages produisent du cyanure ; les tomates, des glycoalcaloïdes, etc.), mécaniques… Mais leur reproduction sexuée permet aux plantes de muter et, il y a plus de dix mille ans, des humains ont commencé à identifier des spécimens mutants devenus comestibles et à les multiplier dans des champs. Comestibles, donc proies pour des prédateurs. Mais le champ est un environnement protégé – on ne voit guère de blé ou de maïs pousser en dehors de ses limites protectrices. Ainsi a commencé la domestication des plantes vivrières. François Parcy en brosse l'histoire à traits vifs et limpides, puis il en vient à évoquer de nombreux candidats potentiels à la domestication, en faisant ressortir les progrès considérables effectués dans la connaissance des génomes végétaux depuis les années 1990. Grâce à ce savoir, il devient possible d'ajouter, aux nombreuses techniques de domestication apparues au cours des siècles, la mise en œuvre d'outils d'édition du génome, telle la technologie Crisp-R, pour supprimer ou déplacer des gênes fonctionnels ou inhibiteurs. Ces techniques innovantes permettront de répondre en temps utile aux nouvelles exigences hydriques, circadiennes, climatiques, tout en assurant un usage bien conduit de la mixité des cultures et de la biodiversité. Il y a urgence à le faire.

■ Philippe Rivet de Sabatier

PHILOSOPHIE

Corine Pelluchon

L'être et la mer

Pour un existentialisme écologique. Presses universitaires de France, 2024, 336 pages, 21 €.

■ Le propos de Corine Pelluchon procède de la proposition existentialiste : l'humain est « un être de projet ». Chaque personne est unique et sa destinée ne relève pas d'un modèle idéal (une « nature ») qu'il lui suffirait d'imiter. Mais l'existentialisme classique tend à ignorer le monde. Il doit être élargi en introduisant une dimension relationnelle : « Toute existence est une coexistence. » La présence d'autrui interroge mon existence. Chacun est constitué par le monde commun et contribue à le constituer au gré d'échanges avec les entités qui le composent. Comme chez Emmanuel Levinas (1905-1995), la liberté se fonde sur une fraternité première. L'existence doit être décentrée d'elle-même par une forme de « transcendance », qui n'est certes pas la transcendance surplombante et aliénante dont nous a délivrés l'existentialisme. Dans un ouvrage précédent, l'autrice avait introduit la notion de « transdescendance » pour dire la solidarité avec tous les êtres, particulièrement les plus vulnérables qui sont souvent les plus exploités. On en vient assez naturellement à évoquer la mer comme parabole de l'immensité et de la fluidité du monde commun. Regarder l'humain à partir de la mer, qui est aussi un espace menaçant, est la plus forte invitation au décentrement. C'est ainsi qu'il n'y a pas à choisir entre existentialisme (affirmation d'une liberté) et écologie (inscription dans un ensemble de relations). Le propos philosophique est enrichi de références littéraires (Virginia Woolf [1882-1941]), la littérature permettant une approche plus fluide du monde. Une phénoménologie de la vie marine donne une dimension concrète à un exposé qui enrichit la réflexion écologique.

■ François Euvé

Andrea Wulf

Les rebelles magnifiques

Les premiers romantiques et l'invention du Moi. Traduit de l'anglais par Marie-Odile Probst. Noir sur Blanc, 2024, 576 pages, 27 €.

Alors que le siècle des Lumières privilégiait la raison universelle et le progrès de l'humanité, le Romantisme du XIXe siècle valorise la sensibilité, qui distingue chaque individu de tous les autres, et l'union avec la Nature, conçue comme une totalité vivante. Selon Andrea Wulf, le point de bascule eut lieu dans la petite ville universitaire d'Iéna, entre 1794, le début de l'amitié entre Goethe et Schiller, et 1806, la victoire de Napoléon contre les Prussiens au moment où Hegel achevait d'écrire *La Phénoménologie de l'Esprit*. En seulement une douzaine d'années, en ce lieu modeste, un cénacle exceptionnel de poètes, de philosophes, de critiques littéraires et de scientifiques a tissé des liens intellectuels et affectifs féconds, bien que parfois conflictuels, qui ont contribué à créer une nouvelle vision du monde. « Les révolutionnaires français ont modifié le paysage politique de l'Europe, mais le Cercle d'Iéna a initié une révolution des esprits. » Les vies entrecroisées de ces « rebelles magnifiques » sont racontées avec des détails foisonnants. L'autrice insiste sur le rôle joué par les femmes, notamment Caroline Böhmer (1763-1809), libre par sa pensée comme par ses mœurs, qui a épousé successivement son ami intime Auguste Wilhelm Schlegel, puis son amoureux passionné Friedrich Schelling. Les grands esprits de l'époque nous apparaissent comme des individus de chair avec leurs faiblesses bien humaines, comme la jalousie de Fichte lorsqu'il voit son cadet Schelling prendre sa place de philosophe adulé par les étudiants, puis celle de Schelling à son tour supplanté par Hegel.

Philippe Ribéreau-Gayon

Paul Ricœur

L'imagination

Cours à l'Université de Chicago (1975). Traduit de l'anglais (États-Unis) et préfacé par Jean-Luc Amalric. Seuil, « Bibliothèque Ricœur », 2024, 560 pages, 27 €.

L'imagination est la publication du cours donné par Paul Ricœur (1913-2005) à Chicago, en parallèle du cours sur *L'idéologie et l'utopie* (Seuil, 1997) et au moment où paraissait en France *La métaphore vive* (Seuil, 1975). Ce volume est accompagné des notes de Ricœur pour le séminaire de la rue Parmentier de 1973-1974 qui préparent ce cours. Les commentaires des deux éditeurs, George H. Taylor pour la langue anglaise et Jean-Luc Amalric pour le français, facilitent l'accès à ce texte dense. Ce volume présente un intérêt majeur car Ricœur y expose l'architecture de sa pensée sur l'imagination, centrale mais non synthétisée dans son œuvre publiée. La thèse est la suivante : pour la tradition philosophique, des classiques (Aristote, Pascal, Spinoza, Hume et Kant) aux contemporains de tradition analytique (Ryle, Price et Wittgenstein) ou phénoménologique (Husserl et Sartre), l'imagination est liée à la perception, comme reproduction intérieure du réel. Suivant la piste ouverte par Kant dans le jugement de goût, Ricœur dégage une fonction plus fondamentale de l'imagination, productrice, dont le modèle est la fiction. Dans la fiction, le rapport au monde perceptif est suspendu au profit du monde imaginé qui, loin d'être une illusion stérile, « dessine certaines possibilités cachées ou inemployées de la réalité ». Est ainsi mis en lumière le cœur de l'anthropologie philosophique de Ricœur, d'un homme capable de créativité aussi bien scientifique qu'artistique, sociale que religieuse.

■ Guilhem Causse

Pierre-Olivier Monteil

Penser l'imagination avec Paul Ricœur

Raviver la société pétrifiée. Hermann, « Le bel aujourd'hui », 2024, 188 pages, 24 €.

■ Nous vivons selon des modes de vie pré-imposés par le procédural et le souci de transparence. Il s'agit, avec Paul Ricœur, d'instaurer un véritable sens du possible par l'imagination, qui ouvre l'espace original où la liberté peut se dévoiler. Qu'il y ait un imaginaire social donne une dimension politique au propos, mais l'examen serré de Max Weber et le recours à Edmund Husserl permettent d'affirmer que tout collectif trouve son effectivité sensée chez des individus pensant leur action. Alors il est possible de sortir de l'impasse de l'utilitarisme qui semble aller de soi par une logique de surabondance capable de subvertir aussi bien la justice pénale que le domaine économique. Il faut oser, avec Hannah Arendt, fonder le jugement politique sur le jugement esthétique reconnaissant comme vrai ce qui peut être reçu par un autre en tant qu'il est libre de son jugement. La métaphore vive y acquiert sa fonction de découverte, ouvrant la tristesse du fini à la joie d'affirmer. L'urgence chronique menace en dépouillant le plus grand nombre de toute capacité d'agir pour confier à quelques-uns la tâche de gouverner, laissant aux autres la simple obéissance aux procédures. Il faut réhabiliter l'imagination des exécutants, d'ailleurs déjà présente et qui donne au procédural une efficacité usurpée. Car le plus originaire, pour chacun, est une confiance inconditionnelle dans la possibilité de vivre. Elle suppose la confiance en la confiance qu'autrui m'accorde. Or si l'imagination créatrice ne se commande pas, en revanche, sa condition de possibilité (faire confiance), elle, peut se décider.

■ Alain Cugno

MONDE

Zhaoguang Ge

Qu'est-ce que la Chine ?

Territoires, ethnies, cultures et histoire. Traduit du chinois par Nathalie Perreau-Zhang et Lun Zhang. Éditions de la Maison des sciences de l'homme, 2024, 222 pages, 19 €.

■ Publié en chinois en 2014, cet ouvrage de Zhaoguang Ge, professeur à l'université Fudan de Shanghai, que propose cette traduction en français agrémentée d'une longue préface, est passionnant à plus d'un titre. Il présente d'abord le regard d'un intellectuel chinois sur l'identité de son pays et son rapport au monde, à l'heure où Pékin s'impose de plus en plus sur la scène internationale. Il questionne l'identité et les ethnies de cet immense pays, en s'interrogeant sur la capacité de la Chine à passer d'un empire traditionnel à une nation moderne. Il explore également l'histoire de ce pays en contestant le principe du *Tianxia* (« tout sous un même ciel ») comme grille d'analyse de la Chine contemporaine. Pour lui, le regard que la Chine porte sur le monde a été totalement bouleversé au XIXe siècle et se traduit par l'acceptation de l'existence d'une myriade d'États. Dès lors, c'est la compétition plus qu'un principe d'inclusion qui s'imposerait dans l'esprit des dirigeants chinois.

■ Barthélémy Courmont

Vincent Lemire
et Thomas Snégaroff

Israël / Palestine

Anatomie d'un conflit. Les Arènes – France Inter, 2024, 136 pages, 17 €.

■ Dans le fracas actuel de la guerre entre Israël et le Hamas, alors que les prises de position tranchées et les jugements à l'emporte-pièce semblent être devenus la norme, l'ouvrage coécrit par deux enseignants de formation, Thomas Snégaroff, journaliste, et Vincent Lemire, directeur du projet européen *Open Jerusalem*, fait œuvre salutaire de pédagogie. Illustré de cartes et d'infographies claires, de courtes biographies et d'un glossaire, ce livre permet au lecteur de faire une halte, de revenir sur le contexte historique du conflit entre Israël et ses voisins pour en mesurer la portée historique et mieux appréhender la réalité actuelle. Adaptée d'un *podcast* de France Inter sous la forme conservée du dialogue, la mise par écrit permet d'enrichir le propos, notamment grâce à des extraits de textes fondamentaux – déclaration de Balfour, charte de l'Organisation de libération de la Palestine et du Hamas entre autres – et de suivre l'enchaînement des événements qui ont conduit au massacre du 7 octobre 2023 et à la réaction forte de Tsahal. Les deux auteurs font entrer le lecteur dans la complexité des légitimités qui font de cet affrontement un sujet historique particulier à la croisée du religieux (mondes juif, musulman et chrétien) et de la géopolitique (le Nord et le Sud, tels qu'ils sont définis aujourd'hui). La responsabilité des uns et des autres est exposée – à l'exception de la destruction du quartier juif de la vieille ville de Jérusalem par les Jordaniens, après 1949 – et donne une vision non manichéenne de ce conflit plus que centenaire. Une lecture à proposer avant tout échange afin d'éviter les simplifications extrêmes et les dialogues de sourds, si communs actuellement.

■ Laurent Klein

Gideon Defoe

Rayés de la carte

ou la remarquable (et parfois ridicule) histoire de pays aujourd'hui disparus. Traduit de l'anglais (Royaume-Uni) par Thierry Beauchamp. Éditions du Sonneur, « La grande collection », 2024, 272 pages, 19 €.

■ Voici, sous la plume alerte et ironique de Gideon Defoe, l'équivalent en essai géopolitique des vanités d'autrefois : vie et mort de quarante-huit micronations qui disparurent des atlas. Une sorte de cabinet de curiosités aux marges de l'histoire coloniale et guerrière. L'auteur est connu pour un certain nombre de romans d'aventures plus ou moins historiques mettant en scène des pirates de fantaisie (*Les pirates !*, Le Dilettante, 2006-2012). Ici, il a entrepris de décrire la vie souvent brève de pays allant du Royaume de Corse (huit mois de 1736) à la République de Crimée (une journée et demie de 2014, entre Ukraine et Russie). Il présente aussi les destins de véritables pays comme la Yougoslavie entre 1918 et 1992 et d'improbables constructions racistes comme le Bophuthatswana (1977-1994) bantoustan sud-africain aux douze frontières. Dans un bel effort pédagogique, l'auteur a classé ses trouvailles en quatre grandes catégories particulièrement pertinentes : les pays créés par « des dingues et des filous », les « erreurs et micronations », les « mensonges et royaumes perdus » et enfin les « États fantoches et prétextes politiques ». Pour chacun d'entre eux, il nous donne son histoire, sa structure politique et ces avanies diverses. On découvre dans ces pages une fameuse galerie de portraits où l'appât du gain (du moindre aventurier jusqu'au roi des Belges) le dispute à la mégalomanie, à l'amateurisme et parfois même au véritable héroïsme. Un beau petit livre à feuilleter de surprise en surprise.

■ Didier Pourquery

Stéphane Audoin-Rouzeau, Annette Becker, Samuel Kuhn et Jean-Philippe Schreiber (dir.)

Le choc

Rwanda 1994 : le génocide des Tutsi. Postface de Henry Rousso. Gallimard, « Connaissances », 2024, 432 pages, une carte, 22 €.

■ Il y a trente ans, un demi-siècle après la Shoah, se déroulait sous nos yeux aveuglés le dernier génocide du XXe siècle : en seulement trois mois, dans l'un des plus petits pays d'Afrique, un million de Tutsi furent exterminés de façon méthodique par le gouvernement rwandais et une grande partie de leurs compatriotes hutu, laissant la communauté internationale stupéfaite et inerte. Avec du recul, comment exprimer et comprendre le traumatisme provoqué par ce nouveau crime contre l'humanité ? Une vingtaine d'auteurs rwandais, belges ou français, d'horizons et de styles très divers, nous offrent chacun leur propre éclairage sur ce drame apparemment incompréhensible. Certains textes heurtent de plein fouet à la fois notre intelligence et notre sensibilité, comme lorsque l'historienne Annette Becker nous révèle que « les victimes avaient tenté de se réfugier dans des églises, des écoles, des hôpitaux en vain : ces lieux de prière, de soin et d'éducation étaient devenus lieux de cruauté et d'assassinat et les médecins, les professeurs, les prêtres s'étaient transmués en bourreaux ». Ou lorsque le journaliste Laurent Larcher confie : « Écrire sur le génocide, c'est prendre le risque de perdre ce qui nous constitue. Car le génocide des Tutsi [...] pulvérise l'image positive que la plupart d'entre nous avons de l'humanité, il ruine la confiance que nous portons, comme citoyens, à nos plus hautes institutions étatiques. Et, pour les croyants, aux plus hautes autorités religieuses. » Aucun lecteur ne ressortira non plus tout à fait indemne de tels récits.

■ Philippe Ribéreau-Gayon

SOCIÉTÉ

Adam Shatz

Frantz Fanon

Une vie en révolutions. Traduit de l'anglais (États-Unis) par Marc Saint-Upéry. La Découverte, 2024, 512 pages, 28 €.

■ Une biographie édifiante qui tisse ensemble la vie et l'œuvre de Franz Fanon (1925-1961), car elles se répondent l'une l'autre. L'auteur retrace l'itinéraire d'un homme d'après-guerre aux diverses casquettes : psychiatre, poète, écrivain, activiste politique. D'origine martiniquaise, il porte haut le flambeau du combat antiraciste et anticolonialiste, en s'engageant avec radicalité pour l'indépendance de l'Algérie. Fanon adopte d'abord une approche clinique des effets du racisme sur l'homme infériorisé. Il développe aussi une réflexion originale sur l'égalité des droits humains, s'éloignant des théoriciens de la négritude : sa vision de l'antiracisme est moins essentialiste et plus universaliste, analysant structurellement les rapports d'inégalités qui gangrènent le monde. On comprend aussi le rôle clé que Fanon a joué dès les débuts du conflit en Algérie, en prenant le parti d'un peuple déclassé. L'auteur dépeint précisément le contexte du déploiement de sa pensée, les événements qui l'ont fait évoluer, l'ambivalence qui le guette par endroits et fait apparaître une constellation de penseurs et d'hommes d'action qui ont gravité autour de lui. Derrière la force du combat, se trouve le courage d'une personne qui a su se construire une identité et s'inscrire dans l'histoire, en écho à l'existentialisme sartrien dont il s'est fait l'interlocuteur. Une personnalité dont les écrits nous éclairent encore aujourd'hui dans un combat toujours à gagner, avec un retour en force inquiétant du suprématisme blanc.

■ Marie-Liesse Louvet

Jérôme Baschet

Quand commence le capitalisme ?

De la société féodale au monde de l'économie. Éditions Crise & Critique, 2024, 212 pages, 16 €.

■ Cet ouvrage, qui a le mérite de répondre à la question qu'il pose, est remarquable tant par sa concision que par sa rigueur. Jérôme Baschet offre au lecteur un bon aperçu du débat historiographique contemporain sur les origines du capitalisme, en lui permettant d'entrevoir le fourmillement des hypothèses, tantôt complémentaires, tantôt concurrentes. Sans omettre les dynamiques socioculturelles de longue durée, l'auteur se montre partisan d'une lecture discontinuiste ; selon lui, la transition vers le capitalisme s'apparente à un « moment brutal de reconfiguration systémique », qu'il faut situer à la fin du XVIIIe siècle – et pas avant. Si la conquête des Amériques préfigure à certains égards ce qui va suivre (économie de pillage, de plantation, etc.), elle reste le « stade suprême du féodalisme ». La domination britannique sur les Indes, la naissance de la science économique et l'affirmation des principes du libéralisme et, enfin, l'amorce de l'industrialisation en Europe restent, pour Baschet, les marqueurs les plus sûrs de l'entrée dans le monde capitaliste. Sa discussion nuancée de l'héritage chrétien (moteur de l'universalisme, puissance sociale de l'*ecclesia*) aide à mieux cerner l'importance de son rôle dans la trajectoire singulière de l'Europe occidentale.

■ Pierre-Louis Choquet

Camille Lancelevée et Thomas Fovet

La prison pour asile ?

Éditions de la Maison des sciences de l'homme, 2024, 188 pages, 12 €.

■ Qu'est-ce qui est en jeu dans les prisons françaises où sont incarcérées en masse des personnes présentant des troubles psychiatriques sévères ? L'approche d'une sociologue inspirée de l'ethnographie croise les observations d'un psychiatre exerçant en milieu carcéral, pour rendre compte d'une longue hésitation entre la peine et le soin, entre criminalisation des troubles mentaux et pathologisation de la déviance et du crime. Une fois posés les jalons historiques de ce dilemme, les auteurs expliquent comment l'hôpital est entré en prison depuis trente ans, par la création de structures de soin spécialisées, toujours insuffisantes au regard des besoins, souvent impuissantes au regard des conditions de détention. Les vies broyées de quelques-uns de ces patients détenus sont racontées, montrant l'impossibilité de faire de la prison un vrai lieu de soin. Comment cet enfer est pavé de bonnes intentions – humaniser la prison, proposer des traitements ? Quelles sont les limites des prises en charge prévues ? Comment s'expriment les tensions entre la culture professionnelle des soignants et celle des personnels pénitentiaires ? Tout est documenté, analysé, mis en perspective avec l'histoire de la psychiatrie et avec les politiques pénales. Le livre s'enrichit ensuite d'interrogations plus larges sur le lien entre société, justice pénale et prison. Il montre comment s'installe une stratégie de défense sociale contre des individus jugés dangereux et condamnés à se soigner même une fois leur peine purgée, pour conjurer le risque de récidive, dans une forme d'illusion psychocriminologique qui fait fi du malheur social des malades mentaux.

■ Sylvie Koller

Sacha Bourgeois-Gironde

Comment le droit nous rapproche de la nature

Presses universitaires de France, 2024, 96 pages, 8 €.

Frantz Gault

La nature au travail

Collaborer autrement avec le vivant. Préface de Marc-André Selosse. Quanto, 2024, 248 pages, 22 €.

■ « L'acidification de l'océan, l'assèchement d'une rivière, la fonte d'un glacier sont les conséquences directes ou indirectes d'institutions humaines », constate Sacha Bourgeois-Gironde qui se demande ce qui, dans le droit, ses techniques et ses concepts, permettrait de garantir l'habitabilité du monde. Deux voies se proposent à nous : celle qui octroie le statut de personnalité juridique à des entités vivantes ou écosystémiques, comme le fleuve Atrato en Colombie, ou celle centrée sur notre place d'humain redevable envers la nature. D'un côté, le droit naturel écocentrique ; de l'autre, la valorisation des relations et des « attachements » au travers de droits à revisiter : droits de succession, de la santé ou de la propriété intellectuelle. L'auteur invite à repenser notre relation d'héritiers et de légataires des environnements naturels, à considérer les biens naturels comme inaliénables et supports de justice intergénérationnelle. En valorisant les interactions et des processus naturels, il ouvre à la responsabilité pour tout propriétaire de maintenir et entretenir les milieux dont il est dépositaire. Les entreprises ont ici un rôle capital à jouer. C'est le sujet qu'aborde Frantz Gault, en distinguant trois modèles d'affaires fondés sur les catégories de Philippe Descola. « La nature ne peut plus être considérée comme une marchandise, *écrit-il.* Elle doit être protégée et pourrait même devenir une entité qui gouverne. » Il l'imagine devenir salariée si l'on se place dans un cadre animiste qui valorise chaque organisme individuel, chaque âme, qu'elle soit humaine ou non. Elle pourrait aussi être une « partie prenante » qui porte la voix des écosystèmes (vision analogiste des êtres vivants en relation). Mais la nature aurait aussi toute légitimité à être reconnue comme actionnaire, tant elle constitue un facteur de production puissant et incontournable. L'« apport en nature » des communautés biotiques territorialisée ou « écoumènes », chères au totémisme, serait ainsi reconnu comme « capital naturel ». Avec un pouvoir pour inaugurer une véritable politique des communs ?

■ Dorothée Browaeys

Samir Hamamah et Salomé Berlioux

Lutter contre l'infertilité

L'Aube, 2024, 232 pages, 24 €.

■ Le droit à l'avortement occupe largement l'espace médiatique, alors que les problèmes d'infertilité – contre lesquels lutte près d'un couple sur quatre en France – restent discrets. C'est dommageable, autant pour les couples concernés que pour l'avenir démographique, économique et sociétal des pays dits « développés ». En 2023, le taux de fécondité des Françaises a brutalement chuté, avoisinant celui de l'Italie et de l'Ukraine, proche de 1,5 enfant par femme – alors que 2,2 enfants seraient nécessaires pour reproduire la population (hors immigration, évidemment). Pour lutter contre l'infertilité, sont présentées ici non seulement les causes physiologiques du phénomène, mais également ses causes sociales, écologiques, culturelles, économiques et politiques. La procréation médicalement assistée qui ne réussit qu'une fois sur deux, en légère croissance chaque année, n'a contribué qu'à la naissance de 2,5 % des enfants sur le territoire national. Elle ne pourra seule contrebalancer le phénomène massif de la diminution de la fertilité due, notamment, à l'âge des conjoints. Le risque de rester sans enfant est multiplié par deux à l'âge de trente ans, et par six à l'âge de quarante. Les auteurs en tirent une quarantaine de recommandations, qui vont de l'orientation de la recherche médicale à l'environnement réglementaire en passant par l'information non seulement des femmes, mais également des hommes (l'infertilité masculine est trop souvent ignorée) et l'éducation des adolescents et des adolescentes. Ce qui ne gâte rien, le livre est remarquable de pédagogie et de clarté.

■ Étienne Perrot

Jérémie Cavé, Alizée De Pin et Yann Philippe Tastevin

La civilisation du déchet

Tout savoir sur le recyclage… et ses limites. Les Arènes, 2024, 152 pages, 20 €.

■ La qualité première de cet ouvrage à trois voix (un chercheur en écologie territoriale, un anthropologue et une graphiste) est certainement sa clarté pédagogique. L'esprit général est celui de Greenpeace, qui ne sépare pas l'analyse technique de l'éclairage social, attirant le regard sur les marginaux qui permettent de se « débarrasser » de ces « externalités négatives », comme disent pudiquement les économistes. La question devient massive quand on sait, en prenant en compte toutes les filières (de production, de transport et de recyclage), qu'un kilo de produit consommé dans nos pays s'appuie actuellement sur vingt kilos de déchets. Le livre focalise l'attention sur quelques objets emblématiques d'usage quotidien (tomate, *tee-shirt*, canette, voiture, *smartphone*), faisant remarquer, ce que le bon sens et les spécialistes confirment, que le recyclage total n'est pas possible, et qu'une part résiduelle ira polluer les mers. Triste constat sans que le lecteur n'aperçoive à l'horizon quelque sérieuse lueur d'espoir.

■ Étienne Perrot

Sohrab Ahmari

Tyrannie *and Co*

Les grandes entreprises contre la liberté. Préface de Philippe d'Iribarne. Salvator, 2024, 320 pages, 21 €.

■ Sohrab Ahmari, journaliste proche des catholiques néo-intégristes américains, fustige la tyrannie du grand capital. Contrairement à ses petits camarades, ce n'est pas le « wokisme » qu'il met en cause dans l'entreprise, mais le bon vieux pouvoir coercitif de l'employeur et l'influence des capitalistes sur le système judiciaire et médiatique. La démonstration est appuyée sur des enquêtes parfois fouillées, parfois techniques, qui nous entraînent dans les ateliers de « l'usine à tyrans » et nous en montrent les mécanismes à travers des cas individuels, souvent kafkaïens et dramatiques. L'auteur défend une social-démocratie protectionniste et patriotique. Il souhaite que le soutien des classes populaires pour le Parti républicain se traduise en politiques publiques favorables au mouvement syndical, garant de la stabilité et de la « vertu politique » menacées par la rapacité capitaliste. Il pointe justement que ce contrepouvoir a été inlassablement attaqué par le mouvement conservateur et ses *think tanks*, dont l'un d'entre eux a pourtant appuyé la rédaction de l'ouvrage en lui finançant un « assistant éditorial ». Si donc l'enquête est convaincante, on peut s'interroger sur les débouchés politiques de la démarche.

■ Benoît Gautier

Florent Coste

L'ordinaire de la littérature

Que peut (encore) la théorie littéraire ? La Fabrique, 2024, 192 pages, 14 €.

■ Cet essai de Florent Coste se présente comme un texte d'intervention, au style enlevé, pour réaffirmer le caractère immanent et matériel, résultat de forces contradictoires, de la littérature. En critiquant autant les approches linguistiques qui enferment le texte sur lui-même, les lectures subjectivistes faisant de la littérature une thérapeutique (bourgeoise, morale et libérale) ou les actes de résistance dérisoires contre un marché de la littérature dérégulé, l'auteur pourrait inviter les théoriciens de la littérature générale à baisser les bras. C'est pourtant une autre voie qu'il désigne : déféticher la littérature d'abord, c'est-à-dire tirer les conséquences du fait qu'il s'agit d'une marchandise et considérer la langue comme le résultat de rapports sociaux de production ensuite. Alors, il devient possible de désenfler les valeurs attachées à l'idée devenue suspecte de littérature et replacer l'écriture dans son ordinaire, dans des chaînes d'action qui participent à fabriquer du social ou du politique afin de permettre aux travailleurs du verbe de reprendre le contrôle. L'argumentation est appuyée sur des exemples originaux, empruntés aux champs littéraire et artistique dans ce qu'ils ont de plus contemporain, soulignant ainsi que les renouvellements de la pratique littéraire s'insinuent dans les interstices que la théorie n'a pas su remplir.

■ Maxime Martignon

Jean-Jacques Lecercle

Lénine et l'arme du langage

La Fabrique, 2024, 208 pages, 15 €.

■ Avons-nous là affaire à un essai de linguistique évoquant Lénine ou à un essai sur Lénine empreint de linguistique ? L'ouvrage de Jean-Jacques Lecercle doit se situer quelque part entre les deux et brille par son originalité. Il nous en apprend autant sur le révolutionnaire russe que sur la linguistique et tous ses efforts sont tendus vers la constitution d'une « philosophie matérialiste du langage » qui réunirait dialectiquement deux conceptions *a priori* antagonistes : celle qui y voit une arme pour secouer l'ordre existant ; celle qui y voit un outil de communication neutre et de partage d'information. Ne quittant jamais Lénine, l'auteur montre, à rebours de ce qu'on croit, que la philosophie implicite du langage livrée par la lecture attentive de l'œuvre abondante du révolutionnaire se situe à la croisée des deux voies, puisque le dirigeant a su allier sciences, stratégie et tactique, dans les formes littéraires qui leur correspondent (traités, brochures, articles, tracts et discours). Cet essai est le lieu d'une riche réflexion où se mêlent la vie du révolutionnaire, les questions théoriques des usages du langage et celles, plus pragmatiques, de sa mobilisation dans le cadre d'un projet politique révolutionnaire. Finalement, il nous permet de mieux cerner les raisons, nombreuses, de ne plus lire Lénine et celles, moins nombreuses mais plus importantes, de s'y replonger !

■ Nathane Teicher

QUESTIONS RELIGIEUSES

Jérôme Alexandre

Le christianisme est un anarchisme

Textuel, « Petite encyclopédie critique », 2024, 192 pages, 18,90 €.

■ Devant les périls identitaires, Jérôme Alexandre, théologien et professeur au Collège des Bernardins, rappelle par cet ouvrage les fondamentaux de l'Église catholique (l'adjectif latin *catholicus* signifie « universel ») que sont la fraternité de tous les hommes, le désintéressement des biens possédés et le sacrifice de soi envers les autres par charité. Il établit ainsi une correspondance entre deux courants de pensée qui paraissent incompatibles au premier abord. En effet, l'anarchie (le préfixe *an-* désigne la privation ou l'éloignement de l'*arkhê*, c'est-à-dire du principe, de l'autorité ou du commencement) se définit comme une doctrine politique qui refuse la contrainte exercée par un pouvoir institué de manière séparée, alors que le christianisme, notamment sa variante catholique, repose sur la reconnaissance de l'autorité de Dieu sur son Église à travers certains dogmes. Pourtant, le Christ « fonde en réalité le fait de libérer véritablement chaque soi de toute tutelle qui viendrait diminuer ou altérer son irréductible individualité ». C'est pourquoi, par fidélité à la tradition de l'anarchisme chrétien, de Léon Tolstoï (1828-1910) à Jacques Ellul (1912-1994), Jérôme Alexandre montre qu'anarchistes et chrétiens ont une manière commune d'être au monde dans le refus de l'injustice. Pour ce faire, il étaye la dimension politique du christianisme à partir des évangiles ou encore de l'encyclique *Fratelli tutti* (2020) du pape François qui forge l'idée d'une charité politique. Par une surimmanentisation du messianisme, les Saintes Écritures dévoileraient une dimension commune à l'humanité tout entière : chaque communauté se réinvente elle-même dans une ouverture actuelle sur la Parousie. Il s'agirait maintenant de suivre cette ligne de crête, suffisante pour que tous ceux qui entendent l'appel du Nom puissent y marcher et y vivre dans la communion qui vient.

■ Étienne Bureau

François Jullien

Dieu est dé-coïncidence

Labor et Fides, 2024, 112 pages, 9 €.

■ Ce livre se situe dans la continuité de *Moïse ou la Chine* (Éditions de l'Observatoire, 2022 ; voir *Études*, n° 4293, mai 2022) et fait partie en ce sens du troisième moment de l'œuvre de François Jullien. En effet, après avoir questionné deux premières idées qui, selon l'auteur, fondent la pensée occidentale, à savoir *Logos* et *Eidos*, Jullien interroge la notion de *Theos* qui constitue la troisième idée. Au début de l'ouvrage, il repart du constat que, concernant le mot « Dieu », l'indifférence est plus un obstacle que l'incroyance ou l'athéisme militant. Il se propose donc de faire travailler la notion de dé-coïncidence à l'égard de « Dieu » afin de défaire l'idée chrétienne du divin de ce qui l'entrave et l'a figé, afin d'en réactiver le dynamisme existentiel et universel. Jullien effectue pour ce faire une lecture de la Bible et, en particulier, des écrits johanniques et dans une moindre mesure des synoptiques. La dernière partie de l'ouvrage constate qu'au cours de l'histoire, l'Église a surcoïncidé alors que les écarts (les Vaudois, la Réforme, Port-Royal, etc.) ont ravivé le christianisme. Pour Jullien, existe donc une dé-coïncidence originaire dans le christianisme qu'il conviendrait de retrouver. Ce dernier jugement va de pair avec une vision qui oppose la philosophie et l'idée de Dieu (elles seraient ennemies « de toujours »), perspective qui laisse de côté quelques siècles de génie scolastique. En ce sens, Jullien semble rester prisonnier du cadre moderne qu'il ne cesse de chercher à déconstruire depuis des dizaines d'années. Au demeurant, l'ouvrage fait preuve de vivacité et reste stimulant.

■ Yves Vendé

Jean Baubérot

La loi de 1905 n'aura pas lieu

Histoire politique des Séparations des Églises et de l'État (1902-1908). Tome 3 *: L'Église catholique « légale malgré elle » (1905-1908).* Avec la collaboration de Dorra Mameri-Chaambi. Éditions de la Maison des sciences de l'homme, 2024, 432 pages, 29 €.

■ Jean Baubérot clôt sa trilogie dédiée à la loi du 9 décembre 1905 par l'étude de sa réception, après celles de sa préparation (tome 1 ; *cf. Études*, n° 4271, mai 2020) et de sa fabrication (tome 2). L'examen minutieux de la presse et des débats parlementaires lui permet d'expliquer comment Aristide Briand (1862-1932), qui avait été le rapporteur de la loi, réussit, en tant que ministre des Cultes, à la faire appliquer, malgré l'opposition d'une partie des catholiques français et du pape Pie X. Sur ce sujet déjà travaillé, notamment par plusieurs historiens du catholicisme, le livre apporte du neuf. En adoptant une perspective d'histoire politique paradoxalement négligée jusqu'à présent, il éclaire les dynamiques, parfois aléatoires, des décisions parlementaires et gouvernementales. Il livre par ailleurs une réflexion passionnante sur la manière dont une loi secrète un imaginaire autonome par rapport à ce qu'elle contient. La mémoire de la constitution civile du clergé (1790) a coloré la manière dont les catholiques ont perçu la Séparation, vécue comme un « *remake* de la Révolution ». Les tensions suscitées par les inventaires des biens transférés des pouvoirs publics vers les associations cultuelles, dorénavant chargées d'organiser le culte, révèlent la vivacité du souvenir des confiscations passées. L'ouvrage se termine par un utile panorama historiographique et par une défense convaincante de la thèse, parfois contestée, du « pacte laïque », thèse selon laquelle la loi de 1905 résulte de compromis multiples qui ont garanti sa longévité.

■ Charles Mercier

Iannis Roder (dir.)

Préserver la laïcité

Avec Alain Seksig et Milan Sen. Éditions de l'Observatoire, 2024, 208 pages, 20 €.

■ Ce livre, publié pour les vingt ans de la loi du 15 mars 2004, qui a interdit les signes religieux ostensibles à l'école, peut se lire comme un bon roman (national). La situation initiale est celle d'une laïcité juridique et culturelle largement acceptée par les Français. L'irruption de collégiennes voilées au collège Gabriel-Havez de Creil, à l'automne 1989, constitue l'événement perturbateur. Face à l'inertie des élites politiques, ce sont des simples citoyens qui vont prêter secours à la République menacée en l'aidant à renouer le fil de son histoire, dans laquelle la mise à distance des particularismes religieux a permis l'émancipation et l'accès à l'universel. La mobilisation d'enseignants de terrain, de chefs d'établissement, d'intellectuels lucides sur le péril communautariste qui se cache derrière le foulard finit par payer : elle débouche sur la mise en place de la commission Stasi (2003) qui, à l'issue de ses travaux, recommande la prohibition législative du voile, de la kippa et des croix « de taille manifestement excessives » dans les établissements scolaires publics. La cohésion sociale est temporairement sauvée même si l'ennemi islamiste n'est pas vaincu. À côté de ce cadre narratif républicain, qui conduit parfois les auteurs à sélectionner dans la masse des faits ceux qui servent leurs convictions, cet ouvrage constitue aussi, et c'est une seconde manière de le lire, un bon livre d'histoire du temps présent qui, à partir de documents pour certains inédits (notamment les archives privées d'Alain Seksig) jalonne les étapes et les enjeux d'un débat passionné dont l'étude distanciée reste en grande partie à mener.

■ Charles Mercier

Marie Balmary

Ce lieu en nous que nous ne connaissons pas

À la recherche du Royaume. Albin Michel, 2024, 192 pages, 19,90 €.

■ Fidèle à sa démarche, Marie Balmary suit au plus près le texte original de certains épisodes de la Bible (et non des moindres : les noces de Cana, la parabole des talents, le *Notre Père*, la femme adultère, l'Annonciation, la Cène…), « au risque » non seulement de la psychanalyse, mais des évangiles eux-mêmes, dans une lecture stimulante, dérangeante et inspirante. Stimulante car elle exhume de ces textes si connus une profonde dynamique d'humanisation. On y redécouvre Marie, profondément ajustée dans sa vie spirituelle, qui n'hésite pas à questionner l'annonce de l'ange Gabriel ; un Christ « guérisseur du nous » qui invite à l'accompagner plus qu'à le suivre ; un Dieu qui souhaite que les hommes s'élèvent jusqu'à devenir des fils, pour entrer dans sa joie d'une relation d'amour. Dérangeante, car le lecteur examine en lui-même les représentations persistantes d'un Dieu « maître de tout, de tous et à jamais », dominant ses créatures, exigeant des sacrifices, enfermant dans la culpabilité. Au regard des ravages dus au cléricalisme, aux emprises et aux abus, on mesure combien un Dieu pervers peut se nourrir encore aujourd'hui de traductions malmenantes, d'une tradition complice, de mots encore largement utilisés (« sacrifice », « tout puissant », etc.). Au point de faire fuir ceux qui n'y entendent plus de « bonne nouvelle ». Inspirante, car en redonnant du jeu à ces textes, Marie Balmary rouvre un chemin et fait souffler la parole des évangiles. C'est dans cette inconnaissance de l'autre que peut naître une relation d'amour. Là où la confiance donnée et reçue permet d'aller au-delà du savoir, dans cette folie de l'amour. Un Royaume où un Dieu père nous appelle à entrer dès à présent.

■ Louis-Marie Clouet

Pour rester encore dans l'actualité éditoriale, découvrez aussi sur le site de la revue (en recherchant par le titre de l'ouvrage) :

- Hélène Blais, *L'empire de la nature*, par Michel Sot
- Anne Dujin, *Noyau manquant*, par Gérard Bocholier
- Sven Holm, *Termush, côte atlantique*, par Marie-Liesse Louvet
- Aliette de Laleu, *Mozart était une femme*, par Élodie Pinel
- Gustave Roud, *Petites notes quotidiennes (ou presque)*, par Yves Leclair

---

AU SOMMAIRE DU PROCHAIN NUMÉRO :

- **Les relations internationales**
- **La culture du compromis**
- **Le pape et la littérature**